God, Sex & Soul

LEIBLICHKEIT UND SEXUALITÄT

Ein Perspektivenwechsel

GEORGE ELSBETT

IMPRESSUM

Justinianstraße 16, 50679 Köln-Deutz
Tel. +49 (0) 221 880 439 - 0

E-Mail für Bestellungen: bestellungen@catholicmedia.eu
E-Mail für allgemeine Anfragen: catholicmedia@catholicmedia.eu
Webshop: www.catholicmedia.eu
ISBN 978-3-939977-25-4
1. Auflage: 2.000 Stück, Juni 2014

AUTOR Pater George Elsbett LC

GESTALTUNG Hannes Platter, Sarah Luger
HERAUSGEBER Catholic Media
DRUCK Prime Rate Kft.

BIBLIOGRAPHISCHE INFORMATION: Die Deutsche Bibliothek verzeichnet diese Publikation in der Deutschen Nationalbibliographie, detaillierte bibliographische Daten sind im Internet über http://dnb.ddb.de abrufbar.

God, Sex & Soul

LEIBLICHKEIT UND SEXUALITÄT
Ein Perspektivenwechsel

GEORGE ELSBETT

DEM Eros AUF der Spur

Schon interessant. Nur wir Menschen betrinken uns, schreiben Musik und schicken Leute auf den Mond. Das macht kein Stein und kein Hund. Immer noch steht man stundenlang Schlange, um bei den Rolling Stones mitzurocken. Die lange Fahrt ist eben nicht zu lang, um die jüngsten Exponate bei der Biennale in Venedig betrachten zu können. Beim Paris-Barca-Spiel fasste das Stadion 60.000 Zuschauer, mehr als eine Million aber wollten Karten. Der deutschen Wirtschaft sagt man nach, dass sie jedes Jahr zwischen einer und vier Milliarden EUR wegen Burnout verliert – kommt drauf an, welche Studie man liest – und nicht selten steigern sich Menschen durch den Leistungsdrang selbst hinein. Warum sind wir Menschen so? Warum ist alles, was uns ein „pimp up your life" („Motz dein Leben auf") verspricht, so attraktiv? Warum Marihuana, warum Komasaufen? Was treibt uns den K2 mit einem Snowboard ausgestattet hinauf und die Niagara Fälle in einem Bierfass angeschnallt wieder hinunter? Kommt es nicht von ungefähr, dass die Musik, die die NASA als Botschaft dem Universum auf Voyager 1 & 2 mitgegeben hat, der fünfte Satz aus Beethovens 13. Streichquartett, Opus 130, gewesen ist, auf dessen Notenblätter Beethoven selbst das Wort „Sehnsucht" gebannt hat?[1] Katzen hingegen wird man nur dann im All antreffen, wenn Menschen sie dort hinaufschießen. Grizzlybären fressen Heuschrecken und Lachse, aber nicht so viele, dass sie krank umfallen.

Die Erklärung: Sehnsucht. Ein schmerzliches Verlangen nach etwas Entferntem, Entbehrtem. So definiert sie der Duden. Sehnsucht, aber wonach? Wohin will die Sehnsucht uns bringen? Warum wird sie nie erfüllt? Oder vielleicht doch? Und wenn ja, wie?

Stiere, Moskitos und Bären stillen Grundbedürfnisse. Menschen scheinen ständig über die Grenze der Grundbedürfnisse hinauszuschießen. Nach was sehnt sich der Mensch eigentlich? Ist seine Sehnsucht nur eine Utopie, ein Unfall der Natur, die sadistische Idee eines Demiurgen?

Vor kurzem las ich einen Satz, den manche Ingrid Bergmann, andere Ernest Hemingway zugeschrieben haben: „Glück bedeutet eine gute Gesundheit und ein schlechtes Gedächtnis." Ich musste an ein anderes Zitat von einem alten griechischen Philosophen, Epikur von Samos, denken: „Wenn du einen Menschen glücklich machen willst, dann füge nichts seinem Reichtum hinzu, sondern nimm ihm einige von seinen Wünschen." Mit anderen Worten: Erhoffe dir nicht zu viel vom Leben, sonst wirst du enttäuscht werden. Schraube deine Sehnsucht zurück, sonst wirst du verletzt. Aber, kann das stimmen? Ist es *nur* eine gute Gesundheit, die wir uns erhoffen können? Ist jeder Versuch, Sehnsucht nach Höherem zu stillen, doch nur ein „Löcherstopfen", ein von Vornherein zum Scheitern verurteiltes Unternehmen?

Sehnsucht. Es geht hier um eine Sehnsucht, die jeder von uns in seinem Innersten spürt. Kleinkinder suchen sie, wenn sie der Mutter in die Augen sehen, Jugendliche schickt sie durch Höhen und Tiefen, diese Sehnsucht. Sie ist tief in uns verankert, sozusagen ein Grundstein in unserem Bauplan. Platon nannte diese Sehnsucht Eros, das Verlangen nach allem, was wahr, gut und schön ist. Schon zur Zeit Platons hatte Eros mit sexuellem Verlangen zu tun, aber eben nicht nur. Heute wird der Eros vor allem damit in Verbindung gebracht. Aber: Dass sexuelles Verlangen auch mit Platons Eros zu tun hat, war vielleicht eine von Sigmund Freuds genialsten Intuitionen.[2] Es war im Sommer 2002. Gut, Sommer war es eigentlich noch nicht. Aber jeder winterliebende Kanadier, der mal in Rom Ende Mai eine

Unibibliothek hat aufsuchen müssen, weiß, was ich mit „Sommer" meine. Und doch, an diesem hochsommerlichen Tag im Mai war mir die Temperatur egal. Selten war ich so in ein Buch vertieft wie damals. 129 dichte Impulsvorträge zum Thema Sehnsucht, Liebe, Körper und Sexualität wurden in einem Buch zusammengefasst und mit dem unscheinbaren Titel „Theologie des Leibes" versehen – vielleicht war der Titel mit ein Grund dafür, dass ich das Buch nicht schon viel früher entdeckt hatte. Der Autor: Johannes Paul II. Das Leitmotiv: Der Weg zum Menschen, und letztlich zu Gott selbst, führt über den eigenen Körper – ausgehend von den eigenen Sehnsüchten und dem eigenen Verlangen, ausgehend vom Eros.

Hier war jemand dem Eros auf der Spur. Hier ging jemand der Sehnsucht auf den Grund. Das wurde mir relativ schnell klar. Sehnt man sich nach Erfüllung? Nach Glück? Nach Geborgenheit? Nach Wertschätzung? Nach einer Bestätigung, die wirklich zufriedenstellt? Nach einer Anerkennung, die nicht nur aus leeren Worten besteht? Nach innerem Frieden und Freiheit? Die These des Papstes: Der Körper zeigt den Weg dorthin. Der Körper liefert eine Landkarte, ein gutes Navi. Er erklärt, wer wir sind und er ist Wegweiser für die Deutung des Verlangens. Aber „Körper" nicht abstrakt – sondern Körper als eigener Körper, ich, als Mann, als Frau, der Körper gerade auch in seiner Sexualität. Dieser Körper spricht eine Sprache, die es zu lesen gilt. In seiner sogenannten „Theologie des Leibes" versucht Johannes Paul II. diese Sprache zu entziffern, Einsichten darüber anzubieten, wie das Navi funktionieren könnte, die Karte zu erklären.

George Weigel, ein amerikanischer Papst-Biograph prophezeite: Die „Theologie des Leibes" sei eine „theologische Zeitbombe, die irgendwann in der Zukunft mit unbeschreiblicher Gewalt explodieren und unsere Sichtweise über die Körperlichkeit als Mann und Frau, die Sexualität, die gegenseitigen Beziehungen, die Beziehung mit Gott – über Gott selbst – nachhaltig umformen wird."[3] Aber er schrieb auch, dass die dichten, sehr kompakten Gedanken übersetzt werden müssten, damit jemand, der nicht zufällig Spezialist in philosophischen und theologischen Themen ist, damit etwas anfangen könne. Genau hier gilt es anzusetzen: bei der Übersetzung, beim Erschließen eines Zugangs, einer Gelegenheit zur kritischen Auseinandersetzung. Darum geht es mir in diesem Buch.

Auf den Punkt gebracht: Die Erklärung des Eros sowie dessen Gebrauchseinweisung ist im eigenen Körper eingeschrieben. Der eigene Körper offenbart, zeigt, deutet hin, erklärt uns den Eros. Dieses Buch möchte eine Lesehilfe sein. Es werden zehn Begriffe der „Theologie des Leibes" von Johannes Paul II. präsentiert, die meines Erachtens in ihrer Gesamtheit am besten geeignet sind, diese Vision einem breiteren Publikum zugänglich zu machen. Die Darstellung anhand der zehn Begriffe mag dem Leser zu Beginn etwas bruchstückhaft erscheinen. Ich habe allerdings in den letzten Jahren immer wieder in Seminaren und Vorträgen erfahren, dass der Versuch, die doch recht komplexen und vielfältigen Erwägungen des Papstes anhand der wesentlichen Hauptbegriffe (anstatt einer systematischen Darlegung) darzustellen, wesentlich zum Gesamtverständnis beigetragen hat. Ich hoffe, dass dies hier der Fall sein wird. Es geht also um Begriffe, die rund um den Eros, um das erotische Urverlangen des Menschen angesiedelt sind.

Woher kommen diese Begriffe? Ausgangspunkt für die Erwägungen des Papstes ist ein Streitgespräch zwischen Jesus von Nazareth und einigen Zuhörern über die Ehescheidung, die Mose erlaubt hatte. Die Behauptung stand im Raum: „Nur weil ihr so hartherzig seid, hat Mose euch erlaubt, eure Frauen aus der Ehe zu entlassen. Am Anfang war das nicht so" (Mt 19,8). Es ist allerdings nicht die Frage der Scheidung, die für den Papst im Vordergrund steht, sondern die Frage nach dem Anfang. Um hierauf eine Antwort zu finden, kommt er auf die ersten drei Kapitel des Buchs Genesis, dem ersten Buch der Bibel, zurück. Was war denn am Anfang? In seinen Überlegungen besitzt „der Anfang" nicht nur eine geschichtliche Dimension als Zeitpunkt. Der „Anfang" steht gewissermaßen auch über dem Lauf der Geschichte und wirkt in jeden Teil von ihr hinein. Der Anfang beschreibt die Urerfahrungen des Menschseins und ruft damit jene Erfahrungen in Erinnerung, die jedem Menschen zutiefst zu eigen sind. Genesis beschreibt das Ur-Menschliche, das, was trotz aller Entstellung und Verletzung am Anfang jeder authentischen menschlichen Erfahrung steht, wobei der erste Mensch einfach als das Paradigma des Menschseins überhaupt zu verstehen ist und seine Erfahrungen gewissermaßen in jedem Menschen wiederzufinden sind.[4] Das heißt, wenn von den zehn Begriffen die Rede ist, dann finden diese Begriffe im Buch Genesis ihren Ursprung, aber gerade deswegen sind sie keine Begriffe aus längst vergangenen Zeiten, sondern ihre Spuren sind in jeder Zeit und in jedem Menschen wieder auffindbar. Die Geschichte von Adam und Eva spiegelt sich nuanciert in jedem Menschenleben wider.

Genesis ist mythisch geschrieben.[5] Das soll heißen, dass die dortigen Aussagen über diesen zuerst mehr und dann weniger paradiesischen Zustand vor allem als Bilder der Wirklichkeit zu verstehen sind. Anders gesagt, Genesis ist kein naturwissenschaftlicher Bericht, sondern im Text werden bleibende Wahrheiten thematisiert, dazu in die Sprache und das Verständnis der damaligen Menschen gekleidet und durch Bilder (einen Garten Eden, der Baum von der Erkenntnis von Gut und Böse, die Frucht, die Nacktheit ohne Scham usw.) vermittelt. Bilder bieten Ausdrucksmöglichkeiten und können einen Dialog mit dem Zuhörer bzw. Zuschauer ermöglichen, der suprahistorische Charakterzüge annimmt.

Noch eine Bemerkung zum Anfang. Adam und Eva befinden sich in einem Garten. In diesem Buch wird der Garten von Genesis vom Garten des Hohelieds her (ein weiteres Buch der Bibel) näher interpretiert: „Ein verschlossener Garten ist meine...Braut" (Hld 4,12). Die ersten Kapitel vom Buch Genesis und das Hohelied der Liebe ergänzen einander. Sie, Eva, hat den Schlüssel, er, Adam, kann in diesen Garten hineintreten, wenn sie ihn eintreten lässt. Er kann aber auch gewaltsam hineingelangen. Es geht in der Bildersprache von Genesis nicht ausschließlich um die Intimsphäre zwischen Mann und Frau – aber eben doch auch.

Jetzt zu den zehn Begriffen, die in diesem Buch behandelt werden sollen. Jedem Begriff wird ein Kapitel gewidmet. Beim ersten Begriff, geht es um den Körper selbst (1. Kapitel). Dann folgen drei Begriffe, die Hauptsäulen der Theologie des Leibes: „Einsamkeit", „Gemeinschaft" und „Nacktheit" (2.-4. Kapitel). Diese drei Begriffe werden positiv gepolt, solange sie unter dem Einfluss der „Unschuld" (5. Kapitel) stehen, negativ, wenn sie unter den Einfluss der „Begierde" geraten (6. Kapitel). Das heißt: Einsamkeit, Gemeinschaft und Nacktheit können als äußerst positiv, erbauend und beglückend erfahren werden. Die Wirklichkeit, die hinter diesen drei Begriffen steht, kann aber pervertiert werden. Ersteres geschieht durch die Unschuld, Letzteres durch die Begierde. Die Einsamkeit als positiver Begriff wird erweitert durch die „Erlösung des Herzens" (7. Kapitel), die Gemeinschaft findet eine weitere Dimension durch den „inneren Blick" (8. Kapitel), die Nacktheit durch die „Scham" (9. Kapitel). Diese Begriffe eröffnen dann ein tieferes Verständnis vom Körper selbst und von dessen „bräutlicher Dimension" (10. Kapitel).

01

Der Mensch

IST sein Körper

ICH BIN MEHR ALS DU WEISST, / MEHR ALS DU HIER SIEHST, / MEHR ALS DU MICH SEIN LÄSST, / MEHR ALS DU KENNST, / EIN KÖRPER IN EINER SEELE. / NOCH SIEHST DU MICH NICHT, ABER DU WIRST MICH SEHEN. / UNSICHTBAR BIN ICH NICHT. / ICH BIN HIER.[6]

U2. INVISIBLE.

Irgendwo um die 40 Grad Hitze, 80 Prozent Luftfeuchtigkeit und ein schwarzes Priestergewand waren die besten Zutaten, um die eigene Körperlichkeit sehr bewusst wahrzunehmen. Aber gut, Venedig im Hochsommer sollte ja fast nichts anderes bieten. Nur war ich im Juli 2013 nicht nach Venedig gepilgert, um wärmere Klimazonen aufzuspüren, sondern um die Biennale der Zeitgenössischen Kunst zu besuchen. Ich betrachtete soeben die Exponate im von Cindy Shermann kuratierten Raum. Was ich dabei erlebte, kann am besten mit einer von mir kurz danach in der Zeitschrift „Kunstkritik" entdeckten Bildergeschichte wiedergegeben werden. Diese versuchte kurz und bündig den Unterschied zwischen klassischer und zeitgenössischer Kunst zu erklären. Erste Darstellung: Ein Kunstlehrer deutet mit seinem Stab auf ein Gemälde und erklärt seinen Studenten, „Dieses Werk ist..." Zweite Darstellung: Das Bild wird lebendig und schreit den Lehrer an, „Und wer bist du?" Die Exponate im von Cindy Shermann kuratierten Raum schrien mich regelrecht an. Shermann hatte versucht, mit verschiedenen Darstellungen, zum Beispiel anhand von Idolen der Popkultur, zum Nachdenken anzuregen, wie Menschen oder anhand wovon Menschen sich zu definieren versuchen. Welche Rolle spielt dabei der Körper? Wie sieht dieser Körper aus? Was halten andere vom eigenen Körper? Was für einen Wert hat überhaupt der Körper? Muss der eigene Körper wie der Körper von jemand anderem aussehen, damit das Selbstwertgefühl steigt? Wie kann man sich in Kategorien wie „schön" oder „cool" oder „fesch!" wiederfinden? Was passiert, wenn der eigene Körper diesen Kategorien nicht entspricht? Um festzustellen, dass der „Körper" eine Hauptrolle in unserer Kultur eingenommen hat, braucht man allerdings nicht nach Venedig zu reisen. Ich stelle es jeden morgen fest, wenn ich an unserem Nachbargebäude, an dem mit Bildern von leicht bekleideten Frauen und mit Schlagwörtern wie „der perfekte Körper" und „geschminkter Körperkult" dekorierten Laden vorbeigehe.

Was ist der menschliche Körper? Auf diese Frage gibt es natürlich viele Antworten und diese hängen wiederum vom Blickwinkel ab, von dem aus man sich mit dem Körper auseinandersetzt. Die Perspektive des Mediziners unterscheidet sich von der des Soziologen, Psychotherapeuten oder des Biochemikers.

Die Sicht des Glaubens bietet wiederum eine andere Perspektive: Das, was am meisten real ist an dieser Welt, ist nicht das, was wir sehen, sondern das, was wir nicht sehen.[7] Nur: Das, was wir nicht sehen, wird uns gegenwärtig durch das, was wir sehen. Der Körper vergegenwärtigt den Menschen. Ohne Körper kein Mensch. Aber der Mensch ist mehr als der Körper: „Mehr als du hier siehst, mehr als du kennst, mehr als du mich sein lässt...ein Körper in einer Seele, du siehst mich nicht, aber du wirst mich sehen, unsichtbar bin ich nicht, ich bin hier."[8]

Es gibt ein höchst kompliziertes Wort, das in der Kirche benutzt wird und zum Ausdruck bringen will, dass es beim Körper des Menschen um mehr als um das geht, was ins Auge fällt. Dieser Begriff aber scheint eine Tür zum besseren Verständnis des Körpers aufzutun. Es handelt sich um das Wort „Sakrament".[9] Dieser Begriff „Sakrament" drückt in Bezug auf den Körper zweierlei aus. Erstens: Der Körper vergegenwärtigt eine unsichtbare Wirklichkeit. Zweitens: Der Körper ist ein Geschenk. Was heißt das konkret?

ICH BIN MEHR ALS DU SIEHST

Die folgende Definition muss später in diesem Kapitel noch ergänzt werden, aber für den Moment könnte man ein Sakrament in weitem Sinn als ein sichtbares Zeichen bezeichnen, das die Vergegenwärtigung einer unsichtbaren Wirklichkeit bewirkt. Das sichtbare Zeichen deutet nicht nur auf die unsichtbare Wirklichkeit hin, sondern es vergegenwärtigt sie, setzt sie. Zum Beispiel: Ein Freund schenkt seiner Freundin eine Blume. Was passiert hier? Geht es nur um verschiedene biochemische Reaktionen, wobei ein körperliches Wesen einem anderen körperlichen Wesen ein biologisches Produkt vor die Nase hält? Oder geht es doch nicht eher um viel mehr? Und besteht dieses „Mehr“ nur aus der Blume selbst? Ja, vielleicht, aber ist das alles? Ist es nicht so, dass die Blume zum Botschafter einer tieferen Wirklichkeit wird, der Liebe des Freundes? Die Blume (sichtbar) wird zum Zeichen der Liebe (unsichtbar). Es geht aber noch weiter. Das Schenken der Blume deutet nämlich nicht nur auf die geschenkte Liebe hin, ist nicht nur ein Zeichen dieser Liebe, sondern es vergegenwärtigt sie; ohne Blume keine Liebe. Und daher ist die Blume nicht unwichtig. Die letzten halb-verwelkten Blumen noch kurz vor Ladenschluss würden nämlich auch etwas Bestimmtes zum Ausdruck bringen. Im äußeren Zeichen offenbart sich die innere Herzenshaltung. Aber nicht nur im Zeichen selbst. Auch das Wie, Wann und Wo sagt viel aus. Ein Kuss. Es geht nicht um ein weiches Etwas auf der Wange oder auf dem Mund. Der Kuss vergegenwärtigt die Liebe dessen, der küsst, er offenbart sie, macht sie präsent und real. Natürlich kann man sich Beziehungen vorstellen, wo Blumen nicht vorkommen. Ich kenne so eine. Worauf es aber ankommt, ist, dass die Liebe sich nach außen hin zeigen muss, sonst kann sie nicht wahrgenommen werden und ist auch gar nicht vorhanden. Natürlich hätte der Freund etwas anderes tun oder schenken oder sagen können, aber egal was er tut oder schenkt oder sagt, es ist immer das sichtbare Zeichen, das die unsichtbare Liebe vergegenwärtigt. Ohne das Zeichen wäre die Liebe im wahrsten Sinne des Wortes bedeutungslos. Sie hätte keine Möglichkeit, sich deutbar auszudrücken und wäre demnach nicht erkennbar. Der Mensch kann nur mittels des Körpers seine Liebe zeigen: eine Geste, ein Wort, eine Tat, ein Blick. Es geht nicht anders. Dass der Mensch nur durch den Körper Liebe vergegenwärtigen kann ist nicht schlecht, kein Handicap oder keine Einschränkung, sondern verdeutlicht vor allem, wie kostbar und wichtig der Körper ist.

ICH BIN MEHR ALS DU MICH SEIN LÄSST

Wenn man jemandem etwas schenkt, zum Beispiel eine Flasche Wein, die eigene Zeit, wenn man ihn besucht usw., dann ist dieses Geschenk ein Zeichen der Freundschaft. Aber das Geschenk deutet nicht nur hin auf diese Freundschaft, sondern es macht diese real, gegenwärtig, Wirklichkeit. Gegenseitiges Beschenken setzt aber immer die Freiheit voraus. Man *muss* nicht schenken. Sobald ein Geschenk erzwungen wird, kann es nicht mehr als Geschenk bezeichnet werden, es verliert seine Bedeutung. Dies wird besonders beim Schenken der Liebe klar. Ein „He! Du musst mich jetzt lieben, kapiert?“ funktioniert nicht.

Liebe kann man nicht erzwingen, man kann sie nur als freies Geschenk empfangen. Mann kann sie aber auch nur frei geben. Denn wo Liebe nicht frei gegeben wird – nach dem Motto, ich brauch dich, um ein emotionales Loch zu füllen, um sexuelle Befriedigung zu erfahren usw. – verdient sie nicht mehr den Namen Liebe, sondern eher den Namen Egoismus, zuweilen sogar den der Täuschung oder Ausnutzung. Durch eine Umarmung kann Hingabe bezeichnet, aber auch ein Akt der Selbstsucht und Manipulation gesetzt werden. Die sexuelle Begegnung kann ein Vorgeschmack des Himmels, aber auch eine authentische Hölle werden. Wenn die Gabe nicht frei ist, ist es natürlich nicht immer gleich die Hölle. Aber je freier die Gabe, desto größer die Liebe. Das heißt, Freiheit und Liebe sind proportional zueinander. Wo Zwang vorliegt, gibt es keine Liebe. Das heißt aber andersherum: Liebe kann dann entstehen, wenn Freiheit gewährt und Zwang abgebaut wird. Das ist ja genau das, was den Geliebten so mitnimmt; nämlich, dass sich ihm der andere selbst schenkt, aber das nicht tun muss, sondern es will. Je mehr die eigene Hingabe dem anderen aufgedrängt wird, desto mehr wächst in der empfangenden Person der Verdacht, dass es überhaupt kein Geschenk mehr ist, sondern eine „Zwangsbeglückung". Und je mehr das Geschenk des anderen nicht in innerer Freiheit angenommen, sondern an sich gerissen wird, desto mehr wächst der Verdacht in der gebenden Person, dass es dem Beschenkten nicht um den Schenkenden geht, sondern um das, was das Geschenk zu bieten hat. Dass es nicht um ein Ehren des Gebers, sondern um eine Gier des Empfängers geht, nicht um eine Logik des Schenkens, sondern um eine Logik des Nehmens. Der zitierte Vers „Ich bin mehr als du mich sein lässt" scheint gerade auf diese Gefahr des Zwangs hinzuweisen. Er scheint den Schrei eines Herzens wiedergeben zu wollen, eines Herzens, das spürt, dass man in dieser Beziehung nicht sein darf, was man ist, sondern das sein muss, was der andere will, wodurch die Sehnsucht entsteht, aus diesem Zwang ausbrechen zu können. Also: Je unfreier die Gabe, desto geringer die Liebe und desto mehr verdichten sich die Egoismuswolken auf dem Beziehungshorizont.

Jetzt sollte man aber noch einen weiteren Aspekt zu diesen Überlegungen hinzufügen. Das freie oder unfreie Geben bzw. Nehmen läuft immer über die Vermittlung des Körpers. Auch im körperlichen Einswerden schenkt man ja nicht irgendetwas, sondern sich selbst. Man schenkt sich eben mittels des Körpers. Daher ist der Körper selbst das Geschenk, oder besser, das eigene Ich wird einem anderen geschenkt und gewissermaßen übereignet mittels der körperlichen Hingabe. Das zeigt die Größe und Würde des Körpers, weil der Mensch gerade durch seinen Körper und nur durch ihn sich selbst schenken kann. Was den Körper von dieser Perspektive her wesentlich ausmacht, ist die Bestimmung, Geschenk zu sein. Das Thema „Freiheit und Geschenk" behandeln wir noch einmal ausführlicher im Kapitel über die Gemeinschaft. Worauf es ankommt, ist Folgendes:

» Nur durch den Körper kann das, was an der Liebe unsichtbar ist, ausgedrückt werden; Dank des Körpers kann der Mensch nicht nur etwas, sondern sogar sich selbst schenken.

» Weil echte Liebe Freiheit voraussetzt, kann durch den Körper Liebe, aber auch deren Gegenteil gegenwärtig gesetzt werden, kann der Körper Sakrament, aber auch Antisakrament sein, ja zum Sakrileg herangezogen und erniedrigt werden, er kann sich als Geschenk aber auch als Geißel erweisen.

EIN KÖRPER IN EINER SEELE

Die Glaubensperspektive geht aber noch einen Schritt weiter und besagt: Die ganze materielle Welt ist „sakramental" aufgebaut (sichtbare Dinge stehen für unsichtbare und vergegenwärtigen sie auf Gott hin) und zwar deswegen, weil der ganze Kosmos Raum des göttlichen Geistes, dessen äußerer Ausdruck, ist[10] – wie viele Menschen haben gemeint, das Göttliche in der Schönheit der Schöpfung – zum Beispiel in einem prachtvollen Sonnenuntergang, auf einer atemberaubenden Bergtour – gefunden zu haben? Das heißt, die Glaubensperspektive besagt, dass nicht nur der Mensch sich durch seine körperlichen Handlungen selbst offenbart, sondern dass Gott gewissermaßen dasselbe tut: Die sichtbare Schöpfung, die Natur, ist Ausdruck Gottes, sagt etwas darüber aus, wer er ist. In der Glaubensperspektive ist der Mensch nun der Gipfel der Schöpfung und somit ist der Körper des Menschen eine Offenbarung Gottes. Der Körper des Menschen zeigt uns, wer Gott selbst ist. Wie das?

Es gibt zwei alte philosophische Grundsätze „agere sequitur esse" und „omne agens agit sibi simile" (das Handeln folgt auf das Sein und so, wie etwas ist, so handelt es), die genau das ausdrücken wollen. Eine Katze macht „Miau" und nicht „Wau". Ein Apfelbaum produziert Äpfel und legt keine Eier. So, wie etwas ist, so handelt es auch. Was ein Mensch tut in/mit seinem Körper (Worte, Blicke, jemandem ein blaues Auge schlagen, sich für einen Bedürftigen Zeit nehmen), sagt viel darüber aus, wer er ist. Das äußere Handeln eines Menschen deutet hin auf seine inneren Haltungen. An seinen Werken kann ich ihn erkennen. Auch Gott handelt so, wie er ist, ist an seinen Werken erkennbar. Und der höchste Ausdruck, den Gott von sich auf dieser Welt hinterlassen hat, heißt Mensch. Nichts kann so sehr zeigen, wer

Gott ist, wie der Mensch: „Als Abbild Gottes schuf er ihn. Als Mann und Frau schuf er sie." Dem Glauben nach ist der Mensch ein Abbild Gottes. „Aber Gott ist die Liebe" (1 Joh 4,8). Deswegen ist der Mensch ein Abbild der Liebe und kann sich selbst nur in dem Maß finden, wie er liebt. Umgekehrt: Abbild Gottes sein, heißt Abbild der Liebe sein, denn Gott ist die Liebe. Aber Liebe setzt Freiheit voraus und daher kann der Mensch sich frei in dieses Abbild-der-Liebe-Sein einfügen oder sich dagegen entscheiden und ein „Zerrbild" werden. Er kann dies. Er muss nicht. Aber da Liebe das eigene Sein zutiefst bestimmt, ist das freiwillige Ausscheiden aus der Liebe eine Lüge gegen das eigene Sein, ein Verneinen des eigenen Ichs, eine innere Spaltung, ein Selbstverlust, ein sicheres Rezept für Dauerfrust.

Johannes Paul II. ging noch einen Schritt weiter und wies darauf hin, dass das Abbildsein des Menschen mit seiner Körperlichkeit in Verbindung steht. Weder allein und an erster Stelle der Mann, noch die Frau allein versinnbildlichen Gottes Liebe, sondern ihre Gemeinschaft, die *communio*. Und diese Gemeinschaft verwirklicht sich mittels des Körpers, mündet in dem Ein-Fleisch-Werden und darf seine Frucht im Geschenk des gemeinsamen Kinds tragen. Ein Gott, drei Personen. Der Vater, der den Sohn liebt, der Sohn, der den Vater liebt, die Liebe, die zwischen beiden so stark ist, dass sie einen Namen hat, Heiliger Geist. Eine Gemeinschaft, eine Einheit, die die einzelnen Personen in ihrer Einheit nicht auflöst, sondern erst richtig sein lässt. Keine gegenseitige Abhängigkeit, sondern Freiheit in der gegenseitigen Hingabe. Eine Liebe, die nicht beim Einzelnen stehen bleibt, sondern über die eigene Person hinausgeht und sich in einem gemeinsamen Wir wiederfindet. Das ist das Urbild der Beziehung zwischen Mann und Frau. Oder anders gesagt: Der Körper ist das Mittel und der Weg, durch den der Mensch Liebe und Gemeinschaft leben kann. Der Körper vergegenwärtigt die Liebe. Dort, in der Liebe, findet er seinen Sinn. Der Körper ist ein sichtbares Zeichen, das die unsichtbare Wirklichkeit der Liebe gegenwärtig setzt. Nur er kann das tun. Die Wirklichkeit der Liebe, die Gott heißt, wird durch den Körper in der Welt gegenwärtig. Deswegen müssen wir an dieser Stelle den zu Beginn dieses Kapitels aufgeführten Begriff „Sakrament“ noch etwas näher bestimmen. Es wurde nämlich gesagt, dass ein Sakrament im weiten Sinn einfach ein sichtbares Zeichen einer unsichtbaren Wirklichkeit sei, welches diese Wirklichkeit nicht nur bezeichnet, sondern vergegenwärtigt. Nach diesen Überlegungen scheint es aber offenkundig, dass dies in Bezug auf den Körper des Menschen zu wenig ist. Denn die unsichtbare Wirklichkeit muss weiterhin etwas sein, was eine gewisse Ähnlichkeit mit Gott, der die Liebe ist, besitzt oder beinhaltet. Warum? Weil der Körper selbst Resultat des Tuns Gottes ist und als solches ein sichtbares Zeichen dessen, der ihn geschaffen hat: die Liebe. Das trifft auf den menschlichen Körper besonders deswegen zu, weil er in sich die „innere Dimension der Gabe trägt“. Das heißt, er ist liebesfähig. Zusammen mit dieser Gabe „trägt (er) seine besondere Gottesebenbildlichkeit in die Welt.“[11]

Für den Christen wird das vor allem in Jesus von Nazareth sichtbar: „Das Wort ist Fleisch geworden“, im Körper, im Antlitz von Jesus von Nazareth sieht der Christ den unsichtbaren Gott, er wird durch den Körper gegenwärtig. Dies wiederum wird vor allem im KreuzZEICHEN sinnfällig: In der Hingabe Jesu von Nazareth und in seinem gekreuzigten Körper zeigt der dreifaltige Gott das Wesen seiner Liebe und vergegenwärtigt diese. Der Gekreuzigte zeigt die Liebe, die Gott ist, er macht sie sichtbar, gegenwärtig. Dort erweist sich die Liebe nicht bloß als leeres Wort, dort nimmt sie Fleisch an.

Eine schöne Zusammenfassung vom soeben Gesagten befindet sich in einem Interview, das der Musikjournalist Michka Assayas mit Bono, dem Frontman von U2, geführt hat:

> ***Assayas:*** *Du bist Sänger und Frontmann einer Band und nicht irgendeiner Band. Du musst doch auch in Versuchung geraten sein, oder? Hast du manchmal ungeachtet aller Entscheidungen [der Treue gegenüber deiner Frau] das Gefühl, dass Liebe inkarniert werden muss? ... Vielleicht sollte hier das Wort Groupie fallen.*
>
> ***Bono:*** *Diese Szene haben wir nie gefördert. Wenn du Groupie in dem mir geläufigen Sinne meinst, also ein Tausch von sexuellen Gefälligkeiten gegen Nähe mit der Band ... sollte [man] also einen Fan nicht ausnutzen oder sexuell dominieren, aber die Musik ist erotisch ... Manchmal ... verwandelt sich die erotische Liebe [über die wir singen] in viel höhere und größere Ideen von Liebe und Gott und Familie. Für mich gibt es da einen fließenden Übergang.*
>
> ***Assayas:*** *Ich bin überrascht, wie schnell und selbstverständlich du in deinen Antworten die Bibel zitierst, egal, was die Frage war. Wie kommt das? War es der Religionsunterricht in der Schule? Oder haben dir dein Vater oder deine Mutter eine Bibel geschenkt?*
>
> ***Bono:*** *Ich möchte dir etwas erklären, was hoffentlich dem ganzen Gespräch einen Sinn geben wird... Ich weiß noch, wie ich einmal von einer ausgedehnten Tournee zurückkam. ...Dublin zu Weihnachten ist kalt, aber es ist erleuchtet, es ist wie ein Karneval in*

der Kälte. Heiligabend bin ich in die St.-Patrick's-Kathedrale gegangen... Also, gedämmert hatte es mir schon vorher, aber jetzt sickerte es so richtig ein: die Weihnachtsgeschichte. Die Idee, dass Gott, wenn es im Universum eine Kraft der Liebe und Logik gibt, danach streben würde, sich zu erklären, ist schon erstaunlich genug. Und dass diese Idee sich ausdrücken würde, indem sie ein in Armut und Stroh geborenes Kind wurde ... ein Kind in Scheiße und Stroh ... ich dachte: „Wow! Welche Poesie ... Nicht zu greifende Liebe und Macht wählt die verwundbarste Gestalt von allen." Nicht dass mir die Idee nicht schon früher gekommen wäre, aber ich saß da, Tränen strömten über mein Gesicht, und ich erkannte das Genie, die absolute Genialität, sich einen bestimmten Punkt in der Zeit zu suchen und sich dafür zu entscheiden. Denn das ist genau das, worüber wir vorhin gesprochen haben: Liebe muss eine Form finden, Vertrautheit muss leise daherkommen. Für mich ergibt das einen Sinn. Es ist logisch. Es ist die reine Logik. Die Essenz muss sich manifestieren. Es ist unvermeidlich. Liebe muss eine Handlung oder etwas Konkretes werden. Es musste passieren. Es muss eine Inkarnation geben. Liebe muss Fleisch werden. Hast du das nicht selbst vorhin behauptet?[12]

ICH BIN NICHT UNSICHTBAR

Die Frage, auf die es ankommt, ist folgende: Ist der Körper nur der Körper oder gibt es am Ende noch mehr? Kann man im Körper mehr entdecken, als das, was ihn rein physisch, oder biologisch ausmacht? Die Antwort, die hier auf diese Frage angeboten wird, lautet: Ja! Ja, der Körper ist ein Botschafter. Der Körper bekundet etwas, deutet hin auf etwas. Im Körper wird es möglich, die Bestimmung zur Hingabe, die Bestimmung zur Liebe zu entdecken. Der Körper ist es, der die Liebe vergegenwärtigt, real präsent macht, und als Geschenk anbietet. Die Blume in der Hand von dem, der mich liebt, ist nicht nur eine Blume.... Und doch bleibt die Frage offen: Will man dieser Botschafter werden, will man das sein, was man im Tiefsten ist: im eigenen Körper ein Geschenk der Liebe (Gottes) für die Welt, eine sichtbare Vergegenwärtigung der Liebe. Sakrament oder Antisakrament? Darin besteht das Risiko und zugleich die Größe der menschlichen Freiheit.

Der Mensch besitzt seinen Körper nicht in der Art wie er ein Auto oder ein Grundstück besitzt. Vielmehr ist der Mensch sein Körper, der Körper ist die Vergegenwärtigung des Menschen selbst. Oder anders gesagt: Der Körper ist Ausdruck des Geistes, „der Körper ist dem Geist nicht äußerlich, sondern dessen Selbstausdruck, dessen Abbild."[13] Deswegen hat der Körper eine unantastbare Würde – wenn man den Körper verletzt, tut man nicht das Gleiche, wie wenn man eine Kirsche in Hälften schneidet. Körperverletzung ist eine Verletzung des Menschen selbst.

Positiv ausgedrückt: Der Körper ist als Ausdruck des Geistes etwas Heiliges. Gerade auch deswegen, weil der Mensch Abbild Gottes ist – und hier beeindruckt: Er ist Abbild nicht nur seines Geistes, nicht nur deswegen, weil er denken und lieben und sich frei entscheiden kann. Er ist auch Abbild deswegen, weil er Mann und Frau ist. Hat das mit Leibfeindlichkeit zu tun? Ganz im Gegenteil! Wie viele Menschen hassen ihren eigenen Körper, wünschten ständig, sie wären jemand anderes, würden anders ausschauen, jünger oder älter, dicker oder dünner, hätten eine längere oder kürzere Nase, dunklere oder hellere Haut, blonde oder schwarze Haare... Der Körper weist auf die Einzigartigkeit dessen hin, der durch den Körper gegenwärtig ist.

Platon dachte, der Unterschied der Geschlechter weise auf einen Fehltritt, eine Art Ursünde des Universums hin, viel einfacher und besser wäre es, wenn es den Menschen nur in einer Ausführung gäbe. Geschlechtlichkeit aus der Perspektive des Glaubens weist genau auf das Gegenteil hin: Der Mensch ist Abbild Gottes vor allem in seiner im Leib eingeschriebenen Fähigkeit zur gegenseitigen Hingabe in der Liebe. Aber nicht irgendwie abstrakt, sondern ganz konkret: Du, Jörg, oder du, Fritz, oder du, Hannelore, du bist großartig in deiner Einzigartigkeit und in deiner im Leib eingeschriebenen Liebesfähigkeit. „Erkenne, wer du im Kern deines Wesens bist, dann versuche es zu werden."[14]

02

Der Mensch

IST & WAR

einsam

„GANZ ER SELBST SEIN DARF JEDER NUR, SOLANGE ER ALLEINE IST: WER ALSO NICHT DIE EINSAMKEIT LIEBT, DER LIEBT AUCH NICHT DIE FREIHEIT; DENN NUR WENN MAN ALLEIN IST, IST MAN FREI.“[15]

ARTHUR SCHOPENHAUER

Die Kleinstadt Powell River liegt etwa sieben Stunden oder 120 km nördlich von Vancouver, an der kanadischen Westküste. Die sieben Stunden erklären sich dadurch, dass Powell River nur von der Meeresseite erreichbar ist, das heißt, zweimal Autofähre über das Meer, enge Straßen und viel Warten. Aber, keine Sorge, verfahren kann man sich auf der Straße nicht, es gibt nämlich keine andere und sie endet auch kurz nach Powell River. Danach gibt es erst mal 600 km lang gar nichts mehr. – Naja, „nichts“, wenn man anderen Interessen auf der Spur ist als Wald, Grizzlybären, Pumas, Orca-Wale und Seelöwen. Dort, irgendwo in der Mitte von Nirgendwo saß ich letzten Sommer, ganz froh, endlich mal wieder „zu Hause“ zu sein. Gut, „zu Hause“ bezieht sich eigentlich auf das Blockhaus meiner Eltern am Rande der Stadt, und davon war ich in diesem Augenblick weit entfernt, in Richtung Nirgendwo halt. Ich saß in einem Meeres-Kajak und schaute zu, wie sich der fast unendliche Meereshorizont in einen Sonnenuntergang hineinverlief. Ich fühlte mich trotz der einsamen Gegend bei weitem nicht einsam. Warum denn auch?

DER VERSCHLOSSENE GARTEN

Einsamkeit. Für jenen Adam und jene Eva, die in jedem von uns schlummern, muss Einsamsein nicht unbedingt gleichbedeutend sein mit physischer Einsamkeit. Auch Großstadtbewohner können sehr vereinsamen. Manchmal hat es aber tatsächlich mit der Vermeidung sozialer Kontakte zu tun. Andererseits können ein Mann oder eine Frau trotz ihrer Beziehung und trotz vorhandener Kinder große Einsamkeit empfinden. Sie können spüren, dass jeglicher Versuch, Nähe zuzulassen, nur immer wieder in Verletzungen endet, also spüren, wie sich daher ums eigene Herz ein Schutzmantel bildet, der immer dicker wird. Dann ist da aber auch noch eine ganz andere Form der Einsamkeit. Die Einsamkeit der Konfrontation mit dem eigenen Ich. Beispielsweise, wenn man eine schwierige Entscheidung treffen muss. Fallen wird die Entscheidung nicht von selbst. Den Knoten muss man selbst lösen und die Situation meistern. Rat wird vielleicht eingeholt, man schaut sich um - „Wie haben es andere gemacht?", vielleicht bittet man sogar Gott oder Allah oder Jehova um Hilfe, aber letztendlich ist die Entscheidung die eigene, nicht einmal Gott wird sie einem abnehmen.

Wahrscheinlich hat jeder, der Verantwortung trägt, einmal die Last dieser Einsamkeit gespürt. Mehr noch, je größer das Bewusstsein und je größer die Verantwortung, desto größer die Einsamkeit. Das heißt also, ich stehe jetzt vor meinem eigenen Ich, vor meinem eigenen Gewissen, ich muss vor mir selbst verantworten, was ich jetzt tue, ich muss die Konsequenzen tragen - alleine.

Eine Erfahrung, die der Mensch am „Anfang" macht, ist gerade die seiner Einsamkeit. Er ist „allein" im Garten Eden. (Gen 2,18) Wie kann er alleine sein, wenn er in diesem Garten von Tieren und Pflanzen aller Art umgeben ist? Er ist allein, weil er sich wahrnimmt, seinen Körper sieht, aber auch merkt, dass er nicht wie der Stein oder die Eidechse ist. Das ist sehr interessant, denn die Betrachtung des Steins oder der Eidechse hätte ja zu einer anderen Erkenntnis führen können, und zwar: Ich bin ein Körper wie sie auch. Aber nein, die Erkenntnis, die sich für ihn aus der Erfahrung seiner eigenen Körperlichkeit ergibt, tritt anders zu Tage. „Als Abbild Gottes schuf er ihn." (Gen 1,27) Der Mensch wird in Genesis durch seine Beziehung zu Gott und eben nicht durch einen Vergleich mit den anderen Dingen, die im Garten vorhanden sind, definiert. Die Erfahrung seiner „Einsamkeit" wird in diesem Sinne etwas Positives. Er ist nicht ein Etwas wie der Stein, wie die Blume, er ist ein Jemand, wie Gott. Er ist ein „Ich", ein Subjekt, eine Person, die Dinge erkennt und benennen kann, freie Entscheidungen trifft. Der Mensch beginnt seine Würde zu erahnen: Er ist Herr über sich selbst. Und das zeigt sich gerade dadurch, dass er in der Verantwortung für seine Entscheidungen alleinsteht. Die Erfahrung der Verantwortung kann auch nicht abgewälzt, einem anderen übertragen oder übereignet werden. Sie bleibt einem selbst vorbehalten, und nur persönlich wird sie wahrgenommen. Also ein Erstes kann festgehalten werden: Die Einsamkeit deutet auf die Freiheit des Menschen hin und damit auf seine Verantwortung. Diese Verantwortung lässt ihn die eigene Einsamkeit spüren, da ihm niemand die Verantwortung abnehmen kann. Zugleich deutet sie aber auf seine Würde hin, da jeglicher Versuch, Verantwortung abzuwälzen oder aufzuzwingen, eine freiheitsbeschränkende Grenzüberschreitung wäre.

Die Einsamkeit deutet letztendlich auf den unveräußerlichen Charakter des eigenen Ichs hin, auf die Unmöglichkeit das eigene Ich jemand anderem zu übertragen. Niemand anderes kann meine Gefühle fühlen, meine Entscheidungen treffen. Meine Erkenntnisse bleiben meine. Natürlich kann auch ein anderer an meiner Erkenntnis teilhaben und sie sich selbst aneignen. Aber dann wurde sie eben angeeignet und wird die Seine. Jemand kann mir zwar sagen, Pumaschnitzel sei hervorragend. Aber das ist und bleibt seine Aussage und seine Überzeugung.

Er kann mir nicht sagen: „Pumaschnitzel ist auch für dich hervorragend." Vielleicht wünschte er sich das, vielleicht versucht er es mir einzureden. Aber die Aussage kann trotzdem nicht auf einen anderen Menschen übertragen werden. Sie ist die eigene Aussage. Jemand kann neben mir sitzen, aus dem Fenster schauen und sagen: „Heute regnet es". Und vielleicht stimmt es auch wirklich. Aber diese Erkenntnis bleibt seine Erkenntnis, sie wird erst meine eigene, wenn ich selbst hinausschaue und zugeben muss: Es regnet. Die Gefühle, die zum Beispiel Hans für Hannelore hat, sind seine. Er kann diese Gefühle nicht seinem Bruder Peter übereignen. Vielleicht hat Peter auch Gefühle für Hannelore. Aber die sind dann seine, und nicht mehr die von Hans.

Warum ist das so entscheidend? Wenn es nämlich so wäre, dann wären alle Versuche, von außen Erkenntnisse, Gefühle, Entscheidungen, Werte usw. aufzudrängen, klare Grenzüberschreitungen, klare Verletzungen der Freiheit, Manipulation der Intimsphäre und Innenwelt des anderen. Das will besagen: Einsamkeit weist auf das tiefe Bewusstsein hin, dass niemand ein Recht hat, einem anderen Menschen etwas aufzudrängen, was dieser nicht selbst will. Die Verantwortung, durch die der Mensch mit sich selbst konfrontiert wird, er sich sich selbst stellen muss, verlangt nach Freiheit von äußerem Druck. Der Mensch ist Herr seiner selbst, diese Verantwortung kann ihm niemand nehmen, und gerade das ist die Ursache der Einsamkeit. Zugleich weist dies aber auf seine Freiheit und dadurch auf seine Würde hin.

Noch mal anders: Wir benützen andauernd Dinge. Wir benützen sie, um damit ein Ziel oder mehrere Ziele zu erreichen. Dinge werden als Objekte benutzt, zu einem bestimmten Zweck. Ich nutze die Tastatur, um auf meinem Notebook zu schreiben.

Ich benutze das Glas, um daraus zu trinken. Ich benutze das Auto, um irgendwohin zu fahren. Ich benutze den Stuhl, um darauf zu sitzen. Ich benutze das Smartphone, um zu kommunizieren, Termine zu koordinieren, Mails zu checken und herumzugoogeln. Dinge werden benutzt. Sie werden auch nicht vorher gefragt: „Heh, liebe Säge, darf ich mit dir sägen?" Warum bedarf es keiner Erlaubnis vom Buch, um darin zu lesen, aber auch nicht vom Fernrohr, um durchzuschauen? Scheint überflüssig, es zu betonen, aber sagen wir es doch: weil das Buch und das Fernrohr kein Innenleben besitzen und deswegen auch nicht einsam werden, deswegen aber auch nicht Herr ihrer selbst sind. Man schränkt die Freiheit der Säge nicht ein, wenn man sie als Säge benutzt, wenn man mit ihr sägt, weil die Säge sich nicht einmal dessen bewusst ist, dass sie eine Säge ist. Das heißt, sie muss ihre „Entscheidungen" nicht sich selbst gegenüber verantworten, weil sie überhaupt keine eigenen Entscheidungen trifft und nicht treffen kann. Ferner ist es keine Grenzüberschreitung, wenn man mit ihr das Rohr durchsägt, weil die Frage, ob Rohrdurchsägen mit ihrem eigenen Wertekatalog übereinstimmt, gar nicht erst aufkommt. Wenn die Säge sich bewusst wäre, wer sie ist – „Herrin ihrer selbst" und Rohre lieb hätte, dann wäre jeglicher Versuch, sie zum Rohrdurchsägen zu zwingen oder auch nur zu bewegen, unangebracht und ein Eindringen in ihre Intimsphäre, eine Verletzung ihrer Freiheit, oder, um biblisch zu reden, ein Einbruch in den „verschlossenen Garten".

Stifte, Sägen, Fernrohre, Autos, Stühle und Becher sind alles Gegenstände, Objekte ohne Innenleben. Es sind Dinge, die man ohne Bedenken nutzen kann, ohne sie erst zu fragen. Wofür sie dann benutzt werden, ist wieder eine andere Frage. Das muss derjenige, der sie nutzt, vor sich selbst und vor anderen verantworten. Aber die Sache, das Ding, hat gar nichts zu verantworten, aber auch rein gar nichts. Sie kann es auch nicht. Autos werden nicht vor Gericht gebracht, wenn damit jemand absichtlich niedergefahren wird. Das Auto nicht, der Autofahrer schon. Aber gerade weil ein Autofahrer seine Verantwortung hat, weil er frei ist, weil er über eine Innenwelt verfügt, darf jemand anders diesen Autofahrer nicht für *seine* eigenen Zwecke „nutzen". Der Anhalter hat kein Recht darauf, dass ihn jemand an der Tankstelle mitnimmt. Auf den Autofahrer Druck auszuüben durch Drohungen oder dergleichen wäre einfach ein Sich-daneben-Benehmen. In der Richtung kann zum Beispiel auch ein, „Schatz, wenn du heute nicht ..., liebst du mich nicht!" gehen. Was bei diesem Beispiel als eigentliche Botschaft – wenigstens zuweilen – vermittelt wird, ist: „Wenn du nicht machst, was ich will, dann liebst du mich nicht." Es wird unterstellt, dass es keine Liebe geben kann, wenn der eigene Wunsch nicht erfüllt wird – eine klare Grenzüberschreitung. Derjenige, dem dieser Vorwurf gemacht wird, fühlt sich dann in die Ecke gedrängt, fühlt sich in seiner Freiheit eingeschränkt. Die Grenzüberschreitung besteht gerade in dem Versuch, einem anderen „Ich" eine Bestimmung aufzudrücken, die er oder sie sich nicht selbst durch eigene freie Entscheidung hat geben wollen. Die Grenzüberschreitung besteht in der Verletzung oder versuchten Manipulation der Freiheit des anderen, darin, dass man den anderen als Mittel für die Erfüllung der eigenen Zwecke nutzt. Interessant dabei ist ferner, dass Grenzüberschreitungen stattfinden, ob dies dem Drängler oder dem Bedrängten bewusst ist oder nicht, nach dem Motto, „Schatz, das habe ich nicht so gemeint!" – Das mag zwar so sein, aber die Verletzung fand trotzdem statt. Diese Tatsache lässt erkennen, dass es in zwischenmenschlichen Beziehungen notwendig ist, sich nach den eigentlichen Gegebenheiten zu richten und nicht etwa einfach nach dem subjektiven Empfinden.

All das will besagen: Der Mensch ist ein Unikat, unveräußerlich und einzigartig. Er besitzt Innerlichkeit, die Erkenntnis seiner eigenen Erkenntnisfähigkeit und Wahlfreiheit, das Bewusstsein des eigenen Ichs. Der Mensch macht also eine Erfahrung von seiner Würde, davon, dass er kein Lust- oder Befriedigungsobjekt für die Bedürfnisse anderer sein darf, dass seine Geltung und sein Wert daher auch nicht von anderen abhängen können, dass er über eine Innenwelt verfügt, über die kein anderer Verfügungsgewalt besitzt. Darauf deutet seine Einsamkeit hin. Aber das ist nicht alles.

HANNELORE UND CO-ABHÄNGIGKEIT

Der Mensch macht aber noch in einem zweiten Sinn Erfahrung von seiner Einsamkeit. Er hat eine Sehnsucht nach einem anderen „Ich", nach einem „Du". Genesis erzählt das ziemlich dramatisch. Es gab Moskitos und Eisbären, Allesfresser und sogar Pferde und nette Hunde. Aber trotz all dieser tollen Dinge heißt es, „eine Hilfe, die dem Menschen entsprach, fand er nicht" (Gen 2,20). Auf der einen Seite erweckt die Einsamkeit des Menschen das Bewusstsein, für die eigene Würde, für die eigene Subjektivität, für die Existenz und den Wert des eigenen Ichs. Auf der anderen Seite, fehlt ihm etwas. „Es ist nicht gut, dass der Mensch allein bleibt" (Gen 2,18). Eva wird ihm als Hilfe geschenkt; nicht dass sie ihm helfen sollte, Teller zu waschen, sondern sie sollte ihm helfen, sich als Mensch zu verwirklichen. Der Mensch findet sich selbst, findet seine Erfüllung in der Beziehung zum anderen „Ich", das er als Geschenk annimmt und dem er sich selbst als Geschenk gibt und das er nicht als Objekt benutzt. Eva wird ihm zugeführt (Gen 2,22), das steht im

Kontrast zur Erzählung mit dem Apfel in Gen 3,6, wo es nicht mehr um ein schenkendes Zuführen, sondern um ein Ergreifen geht. Er findet sich selbst, er bewahrt seine Einzigartigkeit, seine Einsamkeit nicht, indem er sich nur als einer unter vielen versteht, indem er sich selbst verschließt und versucht, alles an sich zu reißen, für sich zu nutzen, sondern in dem Maß, in dem er das Geschenk des anderen annimmt und sich selbst schenkt. In dem Maß, in dem er liebt, bewahrt der Mensch seine Einsamkeit. Das scheint ein Widerspruch zu sein, ist es aber nicht, wie uns die Erfahrung zeigt: Die Liebe, wie schon vorher erwähnt, löst nicht das „Ich" auf, sondern durch das eigene Sich-Schenken lässt sie einen überhaupt erst sich selbst finden. Man findet sich selbst in der Beziehung, wenn man in dieser Beziehung selbst sein darf.

Dieses in der gegenseitigen Beziehung sich verwirklichende „Man-selbst-sein-Dürfen" wird in Genesis unterstrichen. Im dortigen Bericht wird der erste Mensch „Mensch" (adam) genannt. Hier wird zwischen Mann und Frau noch nicht unterschieden. Der Mensch (adam) erwacht nach dem Schlaf als Mann (ish) und Frau (issha). Die Wahl des Wortes „Mensch" (adam) – noch ohne sexuelle Differenzierung – scheint darauf hinzudeuten, dass das, was von ihm als „Adam" behauptet wird, auf beide Formen seines Menschseins – Mann und Frau – zu übertragen ist. Das heißt, der Mensch als solches, egal ob Mann oder Frau, empfindet in sich diese doppelte Einsamkeit: Erstens, die der eigenen Subjektivität, des eigenen „Ich-Seins", Erkenntnisfähigkeit und Fähigkeit der Selbstbestimmung, das Nicht-ein-„Ding"-, sondern ein-„Jemand"-Sein. Beide, Mann und Frau, sind Menschen mit derselben Würde, die der eigenen Innenwelt entstammt. Zweitens: Die Feststellung, dass es für den Menschen nicht gut ist, allein zu sein, trifft auch auf beide zu. Beide spüren und nehmen durch ihren eigenen Körper das Bedürfnis nach Gemeinschaft wahr. Beide verwirklichen ihre eigene Einsamkeit erst wirklich in der Gemeinschaft der Personen, in der Liebe. Die Einsamkeit ermöglicht erst die Gemeinschaft und die Gemeinschaft führt zur Erfahrung der eigenen Einsamkeit – das Bewusstsein von dem, was man ist, das eigene Innenleben, die eigene Würde – auf einer tieferen Ebene. Und sie tut das nicht theoretisch, sondern in der Praxis, durch das, was man am eigenen Körper und durch den Körper des anderen erfährt.

Noch mal anders gesagt: Stellen wir uns ein Paar vor, Hans und Hannelore. Beide sind sich ihres eigenen Ichs bewusst. Durch diese Innerlichkeit können sie über sich selbst bestimmen. Gerade deswegen ist jeder vor Fremdbestimmung geschützt. Das heißt, Hans kann Hannelore nicht dazu zwingen, ihn zu lieben. Er kann es versuchen, aber es wird wahrscheinlich das Gegenteil von dem bewirken, was er sich erhofft hatte. Respekt, Wertschätzung für die Freiheit des anderen – und dadurch für den anderen selbst – ist die Grundlage für jede Beziehung. Wo das nicht gegeben ist, wo einer dem anderen die eigene Innenwelt aufzudrängen versucht (oder um die Worte der Bibel zu nutzen: in den „verschlossenen Garten" des anderen eindringt), durch Druck, Vorwürfe oder Erwartungen – welche Methode ist eigentlich egal, das Resultat ist dasselbe –, dort entstehen Abhängigkeit oder Co-Abhängigkeit und Freiheitsverlust. Hier braucht (und deswegen „ge-braucht", d.h. nutzt) einer den anderen als Mittel (zum Zweck), um das eigene emotionale Loch zu füllen, um unerfüllten Erwartungen nachzukommen, usw.

Die Einsamkeit des anderen respektieren und annehmen heißt in Zusammenfassung all dessen, was in diesem Kapitel gesagt wurde: Ich nehme dich an, wie du bist, ich respektiere dich zutiefst in deiner Einzigartigkeit, du musst dich nicht ändern, damit ich dich annehme, du darfst einfach sein, du musst auch nichts leisten, um meine Annahme zu erkaufen, die ist schon gegeben. Gerade diese Einstellung führt zur Liebe, oder besser, ist schon der erste Schritt auf Liebe zu und wird jeden weiteren Liebesschritt begleiten. Herzen werden kaum anders erobert. Gerade das sind die Worte, die sich christliche Ehepaare vor dem Altar geloben: „Ich nehme dich an als meine Frau. Ich nehme dich an als meinen Mann." Annahme, die echt und tatsächlich die ganze Wirklichkeit des anderen umfasst, kann umwerfend sein. Der Respekt und die Wertschätzung für die Innerlichkeit und Einzigartigkeit des anderen führt den anderen dazu, die eigene Individualität und Innerlichkeit noch mehr zu respektieren und zu schätzen, aber ermöglicht es ihm auch, diesen Respekt und diese Annahme zurückzuschenken. Es entsteht wirklich eine Gemeinschaft der Personen, ein größeres „Wir", in dem aber der Einzelne nicht verloren geht, sondern sich erst in Wahrheit findet.

Beziehungsprobleme tauchen ja gerade dort auf, wo dieser Grundrespekt für die innere Unantastbarkeit des anderen, für seine wirkliche Freiheit und Einzigartigkeit nicht gewahrt wird, wo Forderungen gestellt werden, wo Grenzüberschreitungen an der Tagesordnung sind, wo der andere dies oder jenes ändern oder anders sehen bzw. überhaupt einsehen muss, wo der andere bestimmte Dinge zu erfüllen hat, damit er oder sie wirklich angenommen wird. Gemeinschaft, Freundschaft, Beziehung: das alles beruht auf Freiheit, jedes „muss" ist in diesem Kontext beziehungsgefährdend.

Aber wie atemberaubend schön kann es sein, wenn genau das Gegenteil passiert, wenn echte Annahme der Einsamkeit des anderen stattfindet, wenn er oder sie einfach die eigene

Identität nicht nur leben dürfen, sondern spüren, dass sie gerade in diesem „Ich-bin-so-wie-ich-bin" geliebt werden, gerade auch in ihrer eigenen Schwäche.

OH NEIN! DER APFEL

Durch die Sünde „am Anfang", durch das Ergreifen des „Apfels" (Gen 3,6) wird der Mensch erst wirklich einsam in einem negativen Sinn. Erst durch die Grenzüberschreitung, den Missbrauch der eigenen Freiheit beginnt er in Feindschaft mit Gott, aber auch mit anderen Menschen zu geraten. Das ruft Ängste hervor: „Da geriet ich in Furcht ... und versteckte mich" (Gen 3,10 – Adam, nach dem Ergreifen des Apfels). Die Feindschaft oder die ängstliche Beziehung beschränkt sich nicht nur auf Gott, sondern bezieht sich sogar auf den Partner. Die „Feigenblätter" (Gen 3,7), die Masken werden nicht nur vor Gott sondern eben auch vor dem Partner angezogen. Der Mensch lebt nicht mehr eine Logik des Schenkens, sondern eine Logik des Nutzens, weswegen er natürlich dann Angst haben muss, selbst benutzt zu werden. Er ist isoliert, ausgegrenzt: von sich selbst, von anderen Menschen, von Gott. Wo man Masken aufsetzen muss, um sich in einer Beziehung vor Verletzungen zu schützen, da fällt es einem schwer, man selbst zu sein. In einer solchen Situation kann man nicht wirklich von einer Öffnung des verschlossenen Gartens sprechen. Das eigene Ich wird nicht wirklich gezeigt. Höchstens täuscht man etwas vor, vielleicht sogar mittels physischer Intimität und Nähe, aber man weiß: Man lebt eine Lüge, die physische Nähe entspricht keineswegs der inneren Wirklichkeit der Beziehung. Ängste treten zu Tage, da das, was gezeigt wird, ausgenutzt oder nicht wirklich angenommen werden konnte.

Fassen wir zusammen: Die Erfahrung der Einsamkeit „am Anfang“ hat eine doppelte Bedeutung. Erstens ist sie eine Erfahrung davon, kein Objekt, sondern ein „Ich“ zu sein, das niemals als Objekt benutzt, niemals als Mittel zum Zweck für die Ziele anderer missbraucht werden darf. Es ist eine Erfahrung der eigenen Intimsphäre, des eigenen Ichs, von dessen Würde, Größe, Unantastbarkeit und Freiheit. Zweitens macht sie deutlich, dass man gerade dieses eigene Ich paradoxerweise nur in einer Beziehung der Liebe, des gegenseitigen Sich-Schenkens, erfahren kann. So entsteht dann die Erfahrung der dritten Bedeutung von Einsamkeit: Dort, wo Liebe ausgenützt wird, wo die Intimsphäre des anderen aufgebrochen und verletzt wird, wird die Liebe degradiert. Hier tritt immer mehr eine Entfremdung zu Tage.

Mit dem Begriff Einsamkeit meinen wir eine Schattierung des Eros, denn im Menschen besteht trotz aller Entfremdung und Verletzung eine Sehnsucht nach Einsamkeit im ersteren und zweiten Sinne. Das heißt, im Menschen ruht ein tiefes Verlangen danach, niemals zum Gebrauchsgegenstand degradiert zu werden und niemals einen anderen zu einem solchen zu degradieren. Zweitens verlangt es den Menschen tief danach, sich jemand anderem zu schenken. Und paradoxerweise findet der Mensch sich selbst nur so wirklich als „jemand, der kein Gebrauchsgegenstand ist“, als „jemand, der um seiner selbst willen geliebt ist“ wieder. Er verlangt nach einer zwischenmenschlichen Beziehung, die frei von jeglicher Abhängigkeit ist, wo er sein darf, was er ist, wo Freiheit herrscht.

SPIRITUALITÄT DER EINSAMKEIT

Eine christliche Perspektive will noch eine weitere Dimension der Einsamkeit anbieten.

Der Mensch findet seine wahre Einsamkeit, sein wahres Selbst, durch die Entdeckung seines Namens in der Gemeinschaft wieder. Wie das? In der Bibel hat das Wort „Name" eine ganz besondere Gewichtung. Die damalige griechische Welt war in der Sprache sehr abstrakt, konzeptuell-begrifflich ausgerichtet. Aus der griechischen Welt werden uns die großen Namen der antiken Philosophen überliefert, Platon, Aristoteles, Heraklit und Parmenides, Sokrates, Epikur usw. Von ihnen kommen Begriffe wie „Wesen", „Metaphysik", „Natur", „Ethik", „das Sein" usw. Das hebräisch-semitische Volk hingegen, war viel mehr im Konkreten verwurzelt. Es war ja auch letztendlich ein nomadisches Volk gewesen. Das schlug sich in der Sprache nieder. Abstrakte Begriffe fehlen fast komplett.[16] *Öfters wurden auch konkrete Begriffe benutzt, um abstrakte, nicht greifbare Wirklichkeiten zu benennen. Ein Beispiel hierfür ist das „Herz" als Beschreibung der Intimsphäre des Menschen. Das Wort „Name" war ein Begriff, durch den man den ganzen Menschen beschreiben* wollte, mit allem, was ihn ausmacht. Den Namen von jemandem zu kennen, war gleichbedeutend damit, ihn selbst zu kennen. Es gab im religiös-kulturellen Umfeld der Bibel einen enormen Respekt für den Namen. Das spiegelte sich vor allem im Namen Gottes wider. Dieser Name war so heilig, dass er nicht einmal ausgesprochen werden durfte. Christliche Spiritualität besagt, dass Gott dem Menschen durch die Erlösung helfen will, durch die Gemeinschaft seinen Namen wieder zu finden. Das heißt, er will ihm helfen, aus der Selbstisolierung und der Entfremdung von sich selbst, von den anderen und von Gott herauszutreten.[17]

Die Verheißungen von Genesis bis hin zur Geheimen Offenbarung (das letzte Buch der christlichen Bibel) deuten alle auf die Erfüllung der Sehnsucht nach Selbstfindung durch die Findung des anderen, und letztendlich, durch die Findung des Anderen, Gott, hin. In der Geheimen Offenbarung findet man seinen eigenen Namen durch die Findung des Namens Gottes. Gott schreibt seinen eigenen Namen auf den Menschen, das heißt, der Mensch ist Abbild Gottes und im Finden des Abbildes findet der Mensch sich selbst: „Ich (Jesus Christus) werde auf ihn den Namen meines Gottes schreiben... und ich werde auf ihn auch meinen neuen Namen schreiben" (Offb. 3,12). Man findet die eigene Identität, die eigene Einsamkeit, durch die Gemeinschaft mit Gott durch Jesus Christus.

Niemand kennt seinen Namen in diesem Sinne wirklich voll und ganz. „Hannelore", „Hans" – das sagt man so einfach. Aber, nehmen wir an, Hannelore und Hans wären zwei mir bekannte Menschen. Kann ich jemals die ganze Tiefe und Fülle von dem ausschöpfen, was diese beiden sind? Kann ich wirklich sagen, ich kenne sie voll und ganz? Interessant ist aber, dass sie nicht einmal von sich selbst sagen können, dass sie sich ganz und gar kennen. Man bleibt sich selbst gewissermaßen ein Geheimnis. Nur Gott kennt die Namen wirklich, das heißt, die ganzen Tiefen unseres Daseins. Die christliche Spiritualität der Einsamkeit besagt, dass die Entfremdung, die Einsamkeit in ihrem negativen Sinn, nicht das letzte Wort über den Menschen ist. Sie besagt, dass der Mensch sich völlig und ganz nur dann finden wird, wenn er sich in Gott wiederfindet: „Jetzt schauen wir in einen Spiegel und sehen nur rätselhafte Umrisse, dann aber schauen wir von Angesicht zu Angesicht. Jetzt erkenne ich unvollkommen, dann aber werde ich durch und durch erkennen, so wie ich auch durch und durch erkannt worden bin" (1 Kor 13,12). Trotz der ganzen Tragik des Selbstausschlusses des Menschen, kann man schon in Genesis ein Wort der Hoffnung hören. „Er trifft dich am Kopf, und du triffst ihn an der Ferse“ (Gen 3,15). Es ist die Verheißung, dass die Schlange – die Verführung, auf die der Mensch sich eingelassen hat – nicht das letzte Wort haben wird. Das Auflösen der Entfremdung bleibt aber nicht nur eine Verheißung, eine Vertröstung auf eine Zeit „nach dem Tod“, sondern kann schon jetzt beginnen, durch die „Erlösung des Herzens“ - ein Thema, auf das wir im 7. Kapitel eingehen werden.

Um dieses Kapitel zusammenzufassen: „Die eigene Einsamkeit geht dem Menschen besonders durch die Erfahrung des unveräußerlichen Charakters seiner Verantwortung auf, dadurch, dass er jede Manipulation als Verletzung der Intimsphäre ansieht sowie durch die Erfahrung, dass man als Mensch nie Mittel zum Zweck sein darf, worin gerade die Grenzüberschreitung besteht, die begangen wird, wenn man benutzt wird. Schließlich findet „Einsamkeit“ ihre volle Bedeutung im eschatologischen Sinn in der „Identität mit sich selbst, wenn Gott seinen Namen auf uns schreibt.“

03

GEMEINSCHAFT

Der Mensch

IST

&

WAR

Einheit

ICH HAB DAS „ICH" VERLERNT UND WEISS NUR: WIR.
MIT DER GELIEBTEN WURDE ICH ZU ZWEIN;
UND AUS UNS BEIDEN IN DIE WELT HINEIN
UND ÜBER ALLES WESEN WUCHS DAS WIR.[18]

RAINER MARIA RILKE

Die Uhrzeit habe ich schon längst aus dem Blick verloren. Ich sitze auf einer Couch, neben mir hatte sich Stunden vorher ein guter Freund und Liebhaber der zeitgenössischen Kunst platziert. Es gibt viel zu besprechen. Das kann lange werden. Aber egal. Dafür sind Freundschaften ja da. Vor uns auf dem Tisch steht sein Laptop. Kunst kann man eigentlich nicht einfach in geklonter Form betrachten, und schon gar nicht die zeitgenössische. Aber wir haben es uns trotzdem erlaubt, hier lässt es sich leichter diskutieren, wenigstens heute.

Ein entblößter Oberkörper eines Mannes. Nichts Außergewöhnliches. Was aber auf mich einen tiefen Eindruck macht: Die Handabdrücke. Sie haben sich nämlich im Oberkörper verewigt. Nicht indem sie rein äußerlich auf die Oberfläche gemalt oder eintätowiert wären, sondern indem der Körper selbst sie umfasst und zugleich von ihnen eingedrückt wird – so ähnlich wie Handabrücke im Sand, nur, dass es Handabdrücke im Körper sind. Ich weiß jetzt schon, „Birth of Us (Boy), 2006-2007" von Anders Krisár werde ich nicht so schnell vergessen.

Das war Anfang 2013. Aber auch heute noch finde ich dieses Kunstwerk einfach genial. Dass ein „Wir" aus einem Ich und einem Du geboren werden kann, macht ja gerade der Körper möglich. Begegnungen hinterlassen Spuren. Je tiefer die Begegnung, desto tiefer die Spur. Die Spur selbst deutet wieder hin auf die Art der Begegnung. War sie abweisend, zuneigungsvoll, intim, zärtlich, hart, aufbrausend, annehmend? Und die Spur wird im nackten Körper hinterlassen, und je nackter die Begegnung, je freier von Rückhalt und Masken und Verstellung, desto bleibender und formender, in einem übertragenen Sinn, die Abdrücke der Hände, desto tiefer und bleibender die Spuren. Ja, Begegnung kann tiefe Spuren bis hin zu Wunden hinterlassen, davon kann wahrscheinlich fast jeder Mensch ein Lied singen. Aber Begegnung kann auch zu etwas ganz anderem führen, das noch viel größere Spuren hinterlässt, die keinen Schmerz, sondern tiefe Freude und Erfüllung mit sich bringen. Je nackter und vorbehaltloser die Begegnung, desto bleibender die Spur: Ist die Begegnung von Egoismus beherrscht, dann hinterlässt sie schmerzende Wunden, wenn von Liebe, verwundet sie auch, aber eben nicht negativ, sondern Wunden, die Sehnsucht und Verlangen entfachen, die an den Mythos von Eros und seinen Pfeil denken lassen.

MAUERN ABREISSEN

Letzten Herbst begleitete ich eine Runde Studenten und Young Professionals nach Portugal. Tagsüber Surfen, am Abend saßen wir in einem Zitronen- und Feigenbaumgarten und diskutierten über Gott und die Welt. Einer der Burschen meinte: Ja, wir Männer, wir sind Mauer-Menschen. Wir sind sehr unsicher und lassen ungern andere Menschen wirklich an uns heran. Wonach eine der jungen Frauen konterte, naja, wir Frauen bauen auch Mauern, ein wenig nach dem alten Klischee: Wir sind in einem Turm eingeschlossene Prinzessinnen und lieben es, wenn man uns erobert. Worauf der Bursche nickte und sagte, stimmt, aber niemand erobert uns... es ist einfach wahnsinnig schwer, hinter unsere Mauer zu kommen... Ich musste an „Birth of Us (Boy)" denken. Es geht nämlich um einen nackten Männer-, nicht Frauenoberkörper. Gerade das macht für mich dieses Kunstwerk so aussagekräftig. Dieser Mann macht sich verwundbar, er lässt Berührung zu – und damit ist nicht nur der Bereich des Sexuellen gemeint, wobei es auch das sein kann. Es geht um eine tiefere Berührung, ein Heranlassen der Frau in die eigene Intimsphäre hinein, ein Zulassen, dass sie wirklich an sein Herz herankommt, und dass sie ihn an sich heranlässt. Je mehr das geschieht, desto mehr entsteht ein gemeinsames „Wir", eine Gemeinschaft der Liebe, die gewaltige Spuren hinterlässt.

Die tragenden Säulen dieses Buches bilden die Begriffe „Einsamkeit", „Gemeinschaft" und „Nacktheit". In diesem Kapitel wird der zweite dieser Begriffe erörtert, das gemeinsame „Wir" oder „die Gemeinschaft".

AUF DEN PUNKT GEBRACHT

„Gemeinschaft" heißt im Lateinischen „communio" – ein Wort, das sich aus „com" (mit) und „unio"(eins) zusammensetzt. „Communio" ist somit etwas, was ein „Miteinander" in „eins" setzt oder ein „Einswerden-mit", und im eigentlichen Sinne, ein Einswerden-mit-jemandem. Ich kann eine Wohngemeinschaft mit einem Menschen bilden, aber nicht mit meinem Lieblingsstein. Gemeinschaft braucht ein anderes „Ich". Das deutsche Wort „Gemeinschaft" zeigt uns, warum das so ist. Das Wort „Gemeinschaft" birgt ein dynamisches Element; nämlich, „das Schaffen" – das „Schaffen" einer „Einheit". – Eine Gemeinschaft ist nicht nur eine „Einheit mit jemandem", sondern gerade das Resultat eines Tuns aller in der Gemeinschaft Involvierten.

Menschliche Gemeinschaft ist nicht nur einfach gegeben, sondern ist das Resultat der freien Entscheidungen derjenigen, die diese Gemeinschaft bilden. Und weil freie Entscheidungen und Zwang einander ausschließen, kann wahre Gemeinschaft nicht erzwungen, sondern nur geschenkt werden. Das trifft auf die Gemeinschaft zweier ineinander verliebter Menschen besonders zu.

Im Wort „Communio" kann man aber auch noch etwas anderes herauslesen: „Com-munus". Auf Latein kann „munus" Aufgabe, Amt oder Geschenk bedeuten. Wenn man über Gemeinschaft spricht, geht es eigentlich um alle drei Nuancierungen. Das Vorwort „com-" deutet auf die Tatsache hin, dass die Freiheit der beiden Partner erforderlich ist, in dem sie die Beziehung als Aufgabe sehen, die aber nicht bei ihnen stehen bleibt, sondern gewissermaßen über sie hinausgeht und in die Welt der sozialen Beziehungen hineinreicht. Schließlich deutet es darauf hin, dass sie beide den anderen als Geschenk sehen und selbst Geschenk sein wollen.

WEISSER SAND

Was steht in Genesis über die Gemeinschaft von Mann und Frau?

> *Da ließ Gott, der Herr, einen tiefen Schlaf auf den Menschen fallen, sodass er einschlief, nahm eine seiner Rippen und verschloss ihre Stelle mit Fleisch. Gott, der Herr, baute aus der Rippe, die er vom Menschen genommen hatte, eine Frau und führte sie dem Menschen zu. Und der Mensch sprach: Das endlich*

ist Bein von meinem Bein und Fleisch von meinem Fleisch. Frau soll sie heißen; denn vom Mann ist sie genommen. Darum verlässt der Mann Vater und Mutter und bindet sich an seine Frau, und sie werden ein Fleisch.

(Gen 2, 21-24)

Denken wir daran: Der Autor von Genesis schreibt mythisch und will Erfahrungen beschreiben, die paradigmatisch sind und in jede Zeit hineinreichen. Genesis versucht den menschlichen Bauplan bildlich zu umreißen. Es will das Urmenschliche, das trotz aller Verdrehung und Entstellung bleibend im Tiefsten des menschlichen Herzen ruht, herausarbeiten. Zwischen den Zeilen liest man eine Botschaft heraus, die besagt: Vergiss deinen Anfang nicht, bleibe auf Kurs, folge deinem Herzen.

Der Garten war das Bild für einen paradiesischen Zustand der Wonne und der Freude. Der Garten war aber auch der Ort der Liebe, man denke zum Beispiel an das Liebeslied der Bibel, das „Hohelied", das von der leidenschaftlichen Liebe von Mann und Frau in einem Garten spricht.

„Komm, mein Geliebter...wir wollen sehen, ob die Rebenblüte sich öffnet, ob die Granatbäume blühen. Dort schenke ich dir meine Liebe...seine Linke liegt unter meinen Kopf, seine Rechte umfängt mich... unter dem Apfelbaum hab ich dich geweckt, dort, wo deine Mutter dich empfing...leg mich wie ein Siegel auf dein Herz, wie ein Siegel an deinem Arm! Stark wie der Tod ist die Liebe, die Leidenschaft ist hart wie

die Unterwelt, Ihre Gluten sind Feuergluten, gewaltige Flammen...meinem Geliebten gehöre ich, und mir gehört der Geliebte, der in den Lilien weidet."

(HLD 7,11- 8,7)

Das Bild von Genesis ist archaisch und einfach in seiner Ausdrucksform, wortkarg. Heute würden wir uns als passende Genesiskulisse vielleicht eine Insel im Südpazifik vorstellen. Weißer Sandstrand, Palmen, Meer. Die Begegnung zwischen Mann und Frau würde dann in etwa so aussehen:

Ich komme gerade vom Fischen, versunken in meine Gedanken. Die Zweige der riesigen Palme direkt oberhalb des Stegs werfen ihren kühlenden Schatten bis zum Eingang der Hütte. Weit und breit kein Mensch. Ich bin alleine auf dieser Welt, so scheint es mir. Eva hatte den Schiffbruch nicht überlebt. Lange hatte ich gehofft, es wäre anders gewesen. Aber fast ein ganzes Jahr ist es her und allmählich ist der Realitätssinn bei mir angekommen. Ach wäre ich doch an ihrer Stelle gestorben! Beinahe wäre es auch so gewesen. Meine Gedanken gleiten zurück zum damaligen Moment. Dann, zu unserer ersten Begegnung. Es war ein Tag so wie heute und doch so ganz anders...

Ein Quietschen der Hüttentür reißt mich zurück in die Wirklichkeit. Inzwischen hatte ich den Weg zum Eingang erreicht. Wie angewurzelt stehe ich da... Es wird mir kurz schwindlig. Vor der Tür steht eine junge Frau. Ich versuche, mich innerlich festzuhalten. Oh Gott! Nach vielen Freudentränen und Berichten stehen wir gemeinsam am Steg und schauen auf die im Meer versinkende Sonne. Gut, in die Richtung, wo die Erde die Sonne unseren Blicken entfliehen lässt. Eine übriggebliebene Wolke des nachmittäglichen Gewitters hat sie schließlich unserem

Blick entzogen. Wenigstens war es nicht mehr ganz so heiß, man konnte sogar auf dem Sand gehen, ohne sich die Füße zu verbrennen. Unsere Blicke kreuzen sich erneut und das heftige Gefühl der Überwältigung der letzten Stunden wächst ins Extreme. Aber meinen Kopf, den habe ich nicht verloren. Ich erinnere mich an ein Lied:

So I'll be bold
As well as strong
And use my head alongside my heart
So tame my flesh
And fix my eyes
That tethered mind free from the lies
But I'll kneel down
Wait for now
I'll kneel down
Know my ground
Raise my hands
Paint my spirit gold
And bow my head
Keep my heart slow
Cause I will wait, I will wait for you[19]

Sie ist viel größer als ich, vom Herzen her meine ich. Warten hat sie immer schon können. Ängstlich sind ihre Augen nicht. Obwohl sie doch völlig ausgeliefert vor mir steht. Oh Gott! Es ist, als würde sie sich nicht nur äußerlich sondern auch innerlich ausgezogen haben und sagen wollen: Für dich bin ich hier.

...

Eva ist gewissermaßen das „Paradigma“ des Frauseins. In seiner ganzen Breite und Tiefe birgt sie in sich den Wert und die Schönheit dessen, was es bedeutet, eine Frau zu sein und als solche steht sie nackt vor Adam. Und seine Reaktion? Entzücken und Freude: Endlich! „Bein von meinem Bein und Fleisch von meinem Fleisch!“ Und sie? Wie reagiert sie?

...

Wie lange habe ich gekämpft, um diesen Tag erleben zu dürfen. Die Opfer und das Leid der letzten Monate, es hat sich alles gelohnt. Jetzt steht er vor mir. Verzaubert hat mich sein Blick. Gefesselt stehe ich vor ihm. Noch nie hat mich ein Mann so angesehen. Und Männerblicke, von denen könnte ich ein Lied singen. Damals dachte ich, das sei Liebe. Immer mehr wollte ich diesem oder jenem gefallen, alles habe ich getan, nur um sie ja nicht zu verlieren. Immer leerer bin ich geworden, immer weniger habe ich mich selbst noch erkennen können. Aber dieser Blick, der ist so anders. Ich will mich ihm schenken. Mein Herz pocht so heftig, dass es mir den Atem zu verschlagen scheint. Ja, ich habe mich ihm entblößt, meine langen Haare hinter meine Schultern gelegt, sodass ihm auch gar nichts verborgen bleibt. Und ja, er hat mich gesehen. Aber an mich reißen will ich ihn nicht, weil auch er mich schon immer frei gelassen hat. Und doch, alles habe ich ihm geöffnet, denn gefräßig sind seine Augen nicht. Die Tiefen meines Herzens habe ich ihm entschleiert, brach liegen sie vor ihm. Wie kann es anders sein? Denn ich sehe, dass er mehr sieht, als er erblickt, und nicht bei dem stehen bleibt, was ihn allein seine Augen sehen lassen: zu mir selbst ist er vorgedrungen. Denn nicht nur seinen Körper, sich selbst hat er mir entkleidet, hinter seine Mauern hat er mich geführt.

Verborgene Absichten habe ich noch nie in seinem Herzen angetroffen. Respektvoll steht er dort vor mir, durch ihn habe ich mich selbst erkennen dürfen, mein Herz ist krank vor Liebe.

....

GEBEN ODER NEHMEN

Natürlich unterscheidet sich Genesis von dieser Beschreibung. In Genesis finden sich Adam und Eva nicht wieder, sondern zum ersten Mal. Aber nur die Erfahrung des Wiederfindens ermöglicht es uns, einen gewissen Aspekt dieser Genesiserfahrung nachzuempfinden. Und zwar auf zweierlei Weise: Erstens, der andere selbst – und nicht der persönliche Vorteil – verursacht die eigene Entzückung und Freude: „Endlich! Bein von meinem Bein...". Das Nachempfinden des Moments des langersehnten Wiedersehens lässt erahnen: Es geht mehr um den anderen als um einen selbst. Zweitens: Weil es im Buch Genesis um eine Urerfahrung geht, um eine Erfahrung des Anfangs, will das heißen: Diese Erfahrung durchwaltet nicht nur das ganze Leben von Adam und Eva, sondern ist als Sehnsucht jedem Menschen ins Herz geschrieben.

Zur Verdeutlichung: Stellen wir uns vor, Matthias und Hannah treffen sich am Flughafen nach Monaten des Getrenntseins wieder. Sie fallen sich in die Arme. Was ist der erste Gedanke von Matthias, von Hannah? Wahrscheinlich nicht: „Endlich habe ich wieder jemandem, mit dem ich schlafen kann", sondern eher einfach die Freude über den anderen. Was im Vordergrund steht, ist der andere selbst, nicht was der andere schenkt – auch wenn das gegenseitige Geschenk (Blume, in die

Arme fallen, Geste, Worte usw.) der einzige Weg ist, wie man einander die Wertschätzung ausdrücken kann. Das ist nicht eine Herabwürdigung des Geschenks, im Gegenteil. Es will zum Ausdruck bringen, dass es gerade diese Herzenshaltung ist („es geht mir um dich und nicht um mich, es geht mir ums Geben und nicht ums Nehmen"), die das Geschenk, und vor allem das Geschenk des eigenen Körpers, so umwerfend macht.

Genesis beschreibt nicht nur so einen momentanen Zustand der Überwältigung, der Freude, über ein lang ersehntes Wiedersehen mit einem geliebten Menschen. Es geht in Genesis auch nicht nur um eine Herzenshaltung, die beide in einem Moment des Höhepunkts, einer Ekstase des Verliebtseins oder des Ein-Fleisch-Werdens gegenüber sich selbst und dem Geliebten hegen. Genesis beschreibt einen Dauerzustand. Aber eben nicht einen Dauerzustand, in den sie einfach hineingeworfen worden wären, der aus dem Nichts hervorgerufen worden wäre und keine Vorgeschichte hätte. Wie Johannes Paul II. einmal in Erinnerung rief: „Menschliche Reife bedeutet den vollen Gebrauch des Geschenkes der Freiheit."[20] Aber voller Gebrauch der Freiheit heißt, dass man wissen muss, auf was man sich einlässt, man muss wissen, wer der andere ist. Und das ist eben ein Weg der immer tieferen Erkenntnis des anderen und einer immer tieferen Entscheidung für den anderen, nicht nur ein Augenblick. Die Eva und der Adam unserer Geschichte am weißen Strand sehen sich nicht zum ersten Mal. Ihr gegenseitiges radikales Sich-füreinander-Öffnen entspricht der Entwicklung ihrer Beziehung. Es fehlt an Freiheit, wenn man sich zu früh öffnet. Es fehlt an Freiheit, weil man sich dann nicht wirklich für etwas oder jemanden entscheidet, denn man kennt diesen ja noch gar nicht wirklich. Die Größe der Freiheit ist proportional zur Kenntnis, die man von demjenigen hat, für den man sich entscheidet. Je mehr man den anderen kennt, desto tiefer, bewusster, ehrlicher, reifer kann die Entscheidung für diesen Menschen sein. Vielleicht verlangt das gerade bei der Frau größere Vorsicht und beim Mann größere Verantwortung. Denn gewissermaßen geht sie beim Sich-Öffnen das größere Risiko ein. Dass sie den Mann in die eigene Intimsphäre hineinlässt und dass dieses Öffnen vor allem in ihr große Spuren hinterlassen kann, ist schon auf der physischen Ebene offensichtlicher – zum Beispiel durch die Möglichkeit einer Schwangerschaft. Schon auf der physischen Ebene wird es ihm hingegen leichter fallen, vorzutäuschen, dass sein physisches Sich-Öffnen auch ein inneres Sich-Öffnen bedeutet, dass hinter seinem physischen Sich-Geben auch ein Schenken seines ganzen Selbst steht. Sie öffnet ihm ihren Leib, nicht umgekehrt. Die Frau läuft sehr schnell Gefahr, wirklich eine Eva in obigem Sinne zu werden und daher braucht sie größere Vorsicht, um sicherzustellen, dass sie vor einem echten Adam steht. Vor kurzem bekam ich einen Brief, in dem eine junge Frau das zum Ausdruck bringen wollte:

> *„Ich hab mit dem Jim (Name wurde geändert) einen Volltreffer gelandet, der wirklich tiefer sieht und der mich total wertschätzt. Aber dann sehe ich meine Freundinnen, die so tolle Werte haben und so eine Eva sind, die sich einfach ganz schenken wollen, bedingungslos, und die auf einen Adam warten, der sie in ihrer ganzen Würde annimmt und auch so behandelt. Und dann werden sie immer und immer wieder enttäuscht, weil sie eben nicht so angenommen werden, wie sie sind, auch wenn die Männer am Anfang so tun – aber es ist nicht mehr dahinter! Und immer wieder fahren sie ein, immer wieder ist es die gleiche Geschichte. Und dann sagt mir jemand, dass man sich öffnen soll und verwundbar machen soll... aber*

wenn ich an meine Freundinnen denke, dann würde ich ihnen grade das Gegenteil raten! Sich nicht zu schnell zu öffnen und viel mehr zu prüfen und auf sich aufzupassen... weil sie nach mehrmaligem Öffnen nur verletzt wie ein Häufchen Elend zurückbleiben... Ist es dann nicht fast sogar notwendig, dass sie sich verschließt, um sich selbst zu schützen?"[21]

Also ja: Das Zusammenkommen verlangt Verantwortung, Wertschätzung, Respekt, Vollgebrauch der Freiheit und deswegen Reife. Das alles wird aber bei der Adam-und-Eva-Erzählung nicht geleugnet. Im Gegenteil. Genau das leben ja beide. Und an genau diese Sehnsucht nach solcher Beziehungsfülle will die Genesiserzählung erinnern, sie will ermutigen, dem eigenen Herzen immer mehr in dieser Richtung zu folgen.

Eva wird nicht von Adam ergriffen, an sich gerissen, an sich gezogen. Natürlich sieht er die Unterschiede zwischen seinem und ihrem Körper, er betrachtet ja gerade ihren Körper in all seiner Schönheit. Aber das Erste, was er betont, ist nicht die Tatsache, dass es Unterschiede gibt, dass ihr Frausein sich ihm in ihrem Körper anders zeigt als sein Mannsein ihr in seinem Körper. Das Erste, was er betont, sind nicht die Unterschiede von Gesichtszügen, Körperform und Geschlechtsorganen. Das sieht er natürlich alles, aber indem er es sieht, sieht er gerade dadurch tiefer. Das Erste, was betont wird, ist das, was ihnen beiden gemeinsam ist: ihr gemeinsames Menschsein, „Bein von meinem Bein" – er sieht ein anderes „Ich", er sieht den Körper eben nicht als Objekt der Befriedigung seiner Lust, sondern als Vergegenwärtigung des Menschen, einen „Jemand", der ihm geschenkt wird und dessen Geschenk er annehmen will. Ferner ist es ihr Körper, durch den sie ihm als Person vergegenwärtigt wird. Eva ist kein Geist. In ihrem Körper ist sie ihm ganz konkret gegenwärtig. Sie wird ihm mittels diesen ihren konkreten Körpereigenschaften vorgestellt, die sie als Eva ausmachen. Diese Gesichtszüge, diese Haare, diese Körperform usw., das ist es, was ihm den Menschen, die Person Eva vor Augen führt. Ihr Körper wird zur Quelle – nicht etwa der Begierde und des Besitzergreifens ihres Körpers, sondern des *Überwältigtseins* und der Ekstase über SIE, Eva (und nicht nur einen Teil von ihr). Das Sichtbare des Körpers vergegenwärtigt ihm das, was die Augen nicht sehen können, die Person, den Menschen, und eben gerade DIESEN Menschen, nicht einen anderen, sondern diesen Menschen, Eva in ihrer Einzigartigkeit und ihr Sich-ihm-Schenken, das Für-ihn-Geschenk-Sein. Und das alles nicht, weil sie außerhalb ihres Körpers wäre, so als wäre ihr Körper unwichtig, etwas, das sie hat und über das sie verfügen könnte. Nein, sie ist ihr Körper, ihr Körper ist der äußerliche Ausdruck ihrer selbst, ihre sichtbare Gestalt.[22] Und sie ist eben dieser Körper auch in seiner Begrenztheit – sie ist eben sie, und nicht jemand anderes. Aber gerade das ist ja wieder für sie so überwältigend und auch für ihn, dass einer den anderen in seinem Körper annimmt, so wie er ist: Weder er noch sie müssen sich ändern, sich in einen anderen Körper verwandeln, um angenommen, aufgenommen und geliebt zu werden.

Eva wird zu Adam geführt. Um das Genesis-Szenarium oder das Szenarium der Insel fortzuführen: Sie sind auf einer Insel gelandet, aber es war nicht ihre Idee. Adam wacht auf und findet sich als Mann wieder. Eva wacht auf und findet sich als Frau wieder. Dass sie allein auf der Insel gelandet sind und sich allein in der Welt als Mann und Frau befinden, war nicht ihre Entscheidung. Das heißt, die Erzählung im Buch Genesis will auf eine wichtige Frage hindeuten, die sich die Menschheit seit eh und je gestellt hat: Warum gibt es Männer und Frauen auf dieser Welt? Und Genesis versucht hier, mit einem einfachen Bild eine Antwort auf diese Frage zu formulieren: Eva wird Adam zugeführt und seiner Verantwortung anvertraut. Was will dieses Bild besagen? Vor allem dies: Mann und Frau sind ein Geschenk füreinander. Wo es ein Geschenk gibt, dort gibt es Freiheit, wo Freiheit, dort Liebesfähigkeit, wo Liebesfähigkeit, dort kann Gemeinschaft zweier Menschen entstehen. Der Mensch ist sich selbst ein Rätsel, bis er die Liebe entdeckt hat, die ihn zur Gemeinschaft befähigt. Aber die Entdeckung spielt sich über den Körper ab. Zuerst äußerlich, dann immer intimer, gemäß dem Stand der Beziehung.

KENNENLERNEN

Und was geschieht, wenn sie sich einander schenken? Sie erkennen, dass sie Freiheit besitzen, dass sie freie Menschen sind, weil sie schenken können, aber nicht schenken müssen. Und dadurch schenken sie sich gegenseitig eine tiefere Erkenntnis ihrer selbst, ihrer Würde und Größe. Aber man hilft dem anderen auch, eine ganz neue Dimension seines eigenen Ichs zu entdecken und zu entwickeln. „Ich schenke dir die Möglichkeit, dass du der Vater meiner Kinder wirst, mein Mann, ...ich schenke dir die Möglichkeit, Mutter zu sein, meine Frau." Sich selbst zu erkennen als Mann dieser Frau/Vater ihrer Kinder oder als Frau dieses Mannes/Mutter seiner Kinder: Das wäre völlig unmöglich, ohne den anderen. Aber nicht nur die Erkenntnis wird geschenkt, sondern eben auch die Wirklichkeit selbst: Ohne den anderen könnte man niemals Vater, Mutter, Mann oder Frau des anderen werden. Das heißt, gerade in der Gemeinschaft wird das eigene Ich erweitert. Beides aber - die Erkenntnis und die Tatsache – verwirklichen sich über den Körper.

Noch mal anders gesagt: „Adam erkannte Eva, seine Frau; sie wurde schwanger und gebar Kain." (Gen 4,1) In Genesis, aber auch in der ganzen Bibel, wird das Miteinander-Schlafen von Mann und Frau mit dem Wort „erkennen" umschrieben. Sie erkennen einander, wenn sie sich aneinander binden. Wenn Eva ihren eigenen Körper betrachtet, Adam den Seinen und beide den Körper des anderen, wenn sie einander sehen und spüren und näher kommen, dann beginnen beide zu erahnen: Wir sind füreinander bestimmt. Aber eben nicht irgendwie als Resultat blinder Instinkte und Triebe, sondern aus einem bewussten „Ja" für den anderen heraus. Nicht aus einem „Muss", sondern aus einem „Ich will". Es ist dieses bewusste „Ja", das das Schenken ermöglicht. Das bewusste „Ja" deutet hin auf die Freiheit, ohne die die Liebe eine Farce wäre und die zugleich Voraussetzung für die Möglichkeit ist, jemandem etwas oder sich selbst zu schenken. Und daher beschenken beide einander zuallererst mit einer tieferen Kenntnis ihrer selbst: Ich bin ein freier Mensch, ich bin kein Ding wie dieser Stein da, ich habe die Fähigkeit zur Selbstbestimmung, ich bin Herr über mich selbst. Zugleich schenken sie einander eine weitere, nicht theoretische, sondern sehr spürbare und praktische Erkenntnis: Ich bin geliebt um meiner selbst willen. Ich bin Objekt der Liebe, nicht eines Egoismus, der den anderen für sich selbst braucht oder nutzt, sondern geliebt, einfach so, ungeschuldet. Sie schenken einander aber nicht nur die Erkenntnis, dass sie geliebt sind, sondern auch die Erkenntnis der eigenen Größe und Würde: Ich selber habe die Fähigkeit, mich unentgeltlich zu schenken, ich selbst bin liebesfähig. Vorher war niemand anderes da, dem sie sich hätte schenken können oder dessen Liebe sie hätte empfangen können. Und obwohl deswegen die eigentliche „Einsamkeit" (als die Erfahrung, die in einem vorherigen Kapitel behandelt wurde) dieses Geheimnis erahnen hat lassen, wirklich begreifen und erfahren konnten beide es erst durch den anderen. Bis zu diesem

Augenblick waren sie für sich selbst wirklich ein Fragezeichen, ein Geheimnis. Eva erkennt sich selbst, gerade weil Adam sie als Eva in ihrer Einzigartigkeit behandelt. Sie macht die entgegensetzte Erfahrung einer Frau, die Probleme hat, sich selbst anzunehmen, sogar sich selbst zu verstehen, ihren Wert und ihre Würde zu begreifen, weil sie von Männern – und vielleicht sogar vom eigenen Mann – nicht als Geschenk angenommen, sondern als „Objekt" benutzt wird. Genauso wie Adam eine Erfahrung von sich selbst macht, dass er für Eva ein Geschenk ist, weil Eva sein Geschenk annimmt, seine Liebe zugleich nicht zu erzwingen versucht, sondern ihm vielmehr die Freiheit lässt, ihr sich selbst zu schenken, das Geschenk ihrer selbst ihm nicht aufdrängt. Adam erfährt sich selbst, weil Eva sich ihm freiwillig hingibt und ihn freiwillig annimmt.

Ein Geschenk setzt immer die Freiheit des Gebers voraus: Man kann nicht beginnen, Mitspracherechte einzufordern, wenn die Freunde einem zum Abendessen einen spanischen Rioja und keinen Wachauer Riesling schenken wollen. Man könnte Wünsche äußern, aber Rechte kann man nicht geltend machen. Denn bei Geschenken geht es nicht um das Recht des Empfängers, sondern um die Freigiebigkeit des Gebers. Der Geber alleine bestimmt, was er gibt und was nicht. In dem Moment, in dem man beginnt, eigene Rechte geltend zu machen, zerstört man das Geschenk. Eva ist aber keine Flasche Wein, sie ist ja selbst das Geschenk. Ihr Sich-selbst-Schenken ist ihre Entscheidung und wird weder erzwungen noch zwingt sie sich auf. Und umgekehrt genauso.

Als Geschenk angenommen zu werden, bedeutet nicht nur, dass irgendetwas, was der andere schenkt, angenommen wird, sondern die Annahme des Menschen in seiner Ganzheit, des

Menschen selbst, ohne etwas auszulassen. Wenn man eine Flasche Wein geschenkt bekommt, beginnt man nicht, sich über das Etikett oder die Form der Flasche zu beschweren.

Man nimmt ein Geschenk entweder an oder nicht, alles andere würde die Zerstörung des Geschenks bedeuten. Die Annahme des Mannes, die Annahme der Frau bedeutet, dass man den anderen, die andere vorbehaltlos annimmt, ohne Bedingungen. Eben nicht indem man dem anderen ständig vorhält, „Ah, schade, dass du nicht wie deine Schwester ausschaust“ oder, „Wäre doch genial, wenn du wie dein Bruder wärst.“ Am Hochzeitstag sagt man eben nicht: „Ich nehme dich an für drei Jahre, dann schauen wir weiter“ – man sagt nicht „Ich nehme dich an, solange du keine Falten hast, solange du tolle Muskeln hast, solange du einen guten Job hast“, aber auch nicht, „Ich liebe dich, solange du zweimal die Woche mit mir schläfst“ und auch nicht „Ich liebe dich, solange du mir nur nahe kommst, wenn ich dich darauf anspreche.“ – Das können wir natürlich tun, aber wahre Liebe ist es nicht, denn Liebe stellt keine Bedingungen, eben gerade weil Liebe mit Schenken zu tun hat. Annahme des Geschenks bedeutet auch, dass man den anderen nicht nur annimmt, wie er bzw. sie ist, sondern zugleich annimmt, was er bzw. sie nicht ist. Es bedeutet, dass man vom anderen nicht etwas erwartet, was er bzw. sie im Moment nicht – oder auch niemals – geben kann.

Utopieverdächtig. So könnte man diese Gedanken nennen. Einfach daneben. – Falsch, gerade deswegen, weil man nicht einfach alles in einer Beziehung tolerieren kann, weil man doch sehr wohl Grenzen setzen muss, um sich selbst zu schützen. Richtig. Nur: Genau das ist der springende Punkt. Es ist gerade die bedingungslose Liebe, die am besten fähig ist, überhaupt Grenzen zu setzen, die wirklich Veränderung hervorrufen. Gerade wenn der andere merkt, dass die Grenze nicht aus Groll oder Hass oder Verwundung, sondern aus bedingungsloser Liebe, aus Interesse gesetzt wurde – wenn irgendwie das Herz noch berührt werden kann, so dass derjenige sich frei entscheidet, es anders zu tun –, dann ist es so. Denn dann merkt der andere: „Wow, der interessiert sich ja für mich, der steht mir nicht gleichgültig gegenüber, nach dem Motto, ‚Es ist mir völlig wurscht, was du mit deinem Leben anstellst', es ist ihm eben nicht egal, er weiß, ich kann mehr, ich bin zu Größerem fähig." Annahme heißt nicht, dass man alles gutheißt. Annahme bezieht sich nicht auf das Fehlverhalten des anderen, sondern auf den anderen selbst, der sich falsch verhält. Die bedingungslose Liebe bezieht sich auf die Liebe zum anderen, nicht auf sein Tun. Denn die Liebe weiß, Gott sei Dank, dass der andere mehr wert ist als seine Leistung. „Wenn man jemanden verändern will, muss man ihn so annehmen, wie er ist, damit er das werden kann, was er sein soll".[23] Es ist gerade die Annahme, die dem anderen hilft, sich selbst zu entdecken. Sehr oft ist sie auch das, was ihm hilft, an sich selbst zu glauben. Es ist die Annahme, die dem anderen zu spüren gibt: Ich bin mehr als mein Tun, auch mehr als mein Fehlverhalten.

SELBSTFINDUNG

Eine der kühnsten Aussagen der „Theologie des Leibes" ist es, dass der Mensch sich nur dann findet, wenn er sich schenkt. Der Mensch kann noch so viel Theorie hören und studieren und darüber diskutieren, er bleibt sich selbst doch unerklärlich, bis er sich in der Liebe hingibt. Der reinste Widerspruch.

Eva entdeckt sich in dem Moment, in dem sie sich schenkt. In dem Moment weiß sie nicht nur theoretisch, „Ah, ich habe eine Würde, ich bin nicht etwas, ich bin jemand!“, sondern sie macht diese Erfahrung, weil sie von Adam angenommen wird, ohne dass er beginnt, das Geschenk zu „zerstören“.

Interessant dabei: Sie hätte sich selbst nie entdeckt, aber auch nie entdecken können, hätte sie sich nicht verwundbar gemacht, sich nicht geöffnet, ihm keinen Einlass in den Garten ihrer Intimsphäre gewährt. Das heißt, Voraussetzung für die Selbstentdeckung ist das Risiko der Selbsthingabe. Und die muss ohne Vorbehalte sein. Wenn sie es nämlich nicht ist, macht sie die Erfahrung einer wirklichen Annahme unmöglich. Denn dann wird Adam nicht sie annehmen, sondern das, was sie vorgetäuscht hat oder eben nur den Teil von ihr, den sie gegeben hat, aber eben nicht sie selbst. Das ist auch einer der Gründe, warum die Bibel rät, bis zu einem Zeitpunkt zu warten, wo es kein Zurück mehr geben kann – das, was die Bibel Ehe nennt: Denn vorher kann die Hingabe gar nicht vorbehaltslos sein, da sie ja nicht den Aspekt „Zeit“, „für immer“ mitberechnet hat, weil es ja immer noch den Vorbehalt gibt: „Ich nehme dich an für jetzt...in der Zukunft, schauen wir mal“. Und wenn man sich in diesem Stadium verwundbar macht, dann ist das Entstehen von Wunden wie vorprogrammiert. Vielleicht erhofft sich schon vorher einer der beiden oder sogar auch beide eine bleibende Beziehung. Aber dazu verpflichtet hat sich keiner, es fehlt die Entscheidung. Es gibt immer noch einen Ausweg, wenn es nicht funktionieren sollte. Natürlich kann auch nach der Entscheidung die Hingabe mit Vorbehalten durchsetzt sein. Man kann mit dem Sich-Schenken etwas anderes meinen, als das, was mit dem Körper ausgesagt wird. Aber nach der vorbehaltslosen Bekundung der Entscheidung besteht wenigstens die Möglichkeit, dass die Sprache keine Lüge ist, beide können sich darum bemühen. Das heißt auch nicht, dass man vorher keine schöne Erfahrung machen kann, dass man sich vorher nicht lieben kann, aber wirkliches Kennen des eigenen Wertes und der eigenen Größe – und der des anderen, das verlangt Vorbehaltslosigkeit.

Ein weiterer Gedanke. Eva hätte sich nicht entdeckt, hätte Adam ihre Hingabe ausgenützt. Wenn er sie nicht in der Fülle ihres Menschseins und Frauseins angenommen hätte, wenn er begonnen hätte, Bedingungen für diese Annahme zu stellen, oder wenn er sie als Objekt und nicht als Geschenk „benutzt" hätte, sei es für seine eigenen Zwecke oder für seine Befriedigung, indem er Ansprüche an sie gestellt hätte, wie zum Beispiel, dass sie anders ausschaut, andere Charaktereigenschaften mit sich bringt, mehr oder weniger Initiative hätte, mehr oder weniger abenteuerlich wäre, usw.

Das passiert aber eben alles nicht. Adam und Eva sind gemeinsam im Garten. Eva, der „verschlossene Garten" aus dem „Hohelied", hat die Tür des Gartens ihres Herzens für Adam aufgerissen, in dem sie sich ihm durch ihren Leib öffnet und dadurch verwundbar macht, sich ihm anvertraut, wortwörtlich sich ihm hingibt, ihm gänzlich Einlass gewährt, ohne etwas zurückzuhalten. Adam seinerseits schenkt sich ihr völlig hin. Wenn schon die Blume des Freundes für die Freundin etwas aussagt, dann spricht der Körper in dem Einswerden noch eine viel radikalere Sprache. Adam meint, was er mit seinem Körper sagt. Er steht dazu. Er will Verantwortung für sie übernehmen, er will gemeinsam mit ihr durch das Leben gehen, er will sie und keine andere, er ist bereit, sich für sie einzusetzen, für sie zu sorgen, sein Leben für sie hinzugeben.

EKSTASE

Und diese gegenseitige vorbehaltlose Hingabe überwältigt beide. Die Freiheit der Gabe erschüttert beide - das Bewusstsein, dass der andere nicht von Begierde getrieben ist, dass der andere im Vollbesitz seiner selbst ist und in voller Freiheit sich jetzt entscheidet: Ja, ich will, ich will mich dir hingeben, auch wenn nichts mich dazu zwingt, auch wenn es mir völlig bewusst ist, dass ich es nicht machen muss. Er ist ergriffen von ihrer Liebe, er kann es nicht fassen, er ist hin und weg, und Eva zugleich, denn sie weiß, „Wer bin ich? Das muss er doch nicht tun, aber er tut es trotzdem" – auch sie ist zutiefst hingerissen, macht eine einzigartige Erfahrung ihrer eigenen Würde, will sich noch mehr für ihn verausgaben. Dieses Sich-noch-mehr-schenken-Wollen seitens Eva wird wiederum von Adam wahrgenommen und erwidert. Es entsteht eine Gemeinschaft der Personen, eine Logik, in der nicht das Nehmen, sondern das Geben den Vorrang hat, eine gegenseitige Steigerung der Hingabe, in der sich beide gegenseitig beschenken und dieses gegenseitige Beschenken zu einer immer neuen Quelle einer noch stärkeren Liebe zueinander und Hingabe füreinander wird.

EMOTION, GEFÜHL, LIEBE

Es ist vielen Menschen sehr bewusst, dass sie weit davon entfernt sind, Quelle der Liebe, Geschenk zu sein, dass sie immer wieder Gefahr laufen, nicht mehr den Schenkenden zu sehen oder wahrhaben zu wollen, sondern nur das, was das Geschenk an schönen Gefühlen, Emotionen, aber auch Stärkung, Kraft usw. hergibt. Gemeinschaft zu schaffen, ist jeden Tag eine neue Entscheidung und ein neues Bemühen.

Ein Teil dieses Bemühens besteht darin, die eigenen Gefühle und Emotionen in die Liebe zu integrieren. Johannes Paul II. zufolge kann man drei Ebenen der Liebe unterscheiden: die Gefühlsebene, die Emotionsebene und die Herzensebene (oder die rationale Ebene).[24] Man verliebt sich in einen Menschen, die damit verbundenen Gefühle können natürlich sehr stark sein, man kann kaum an etwas anderes denken (ich denke da an die Geschichte eines Jugendlichen, der eine Zeitlang deswegen lauter Fünfer schrieb, obwohl er normalerweise Einser und Zweier geschrieben hatte). Das Gefühl aber widerfährt einem, überwältigt sogar. Es ist nicht das Resultat einer bewussten Entscheidung, und so kann es auch keine Basis, kein Fundament für eine bleibende Beziehung, eine Gemeinschaft in dem Sinn, wie sie hier beschrieben wurde, bilden. Denn was passiert, wenn das Gefühl sich ändert? Wenn nur das Gefühl die Beziehung trägt, dann ist die Beziehung zu Ende, wenn sich eine Gefühlskrise einstellt. Die nächste Stufe der Liebe ist die Emotionsebene. Eine Emotion ist schon etwas objektiver, etwas Solideres. Warum? Weil sie die Reaktion auf einen Wert ist, den man im anderen entdeckt: wie er ausschaut, wie sie singt, seine oder ihre Charakterzüge, wie er mit mir umgeht usw. Das heißt, es gibt wirklich etwas, auf das emotional reagiert wird. Aber auch die Emotion widerfährt einem. Auch sie ist nicht einfach das Resultat einer Entscheidung. Auch eine Emotion der Liebe ist der Wechselhaftigkeit aller Emotionen unterworfen. Und deswegen kann auch sie kein bleibendes Fundament für eine Beziehung bilden. Es bedarf noch der dritten Stufe, der Herzensebene, oder der Ebene des Willens und der Erkenntnis: Man erkennt gemeinsame Werte, man sieht eine gemeinsame Richtung und man entscheidet sich dafür. Nur auf dieser Ebene werden freie Entscheidungen getroffen. Deswegen gibt Johannes Paul II. eine erstaunliche Behauptung von sich, nämlich, dass man eigentlich nur auf dieser Ebene von Liebe sprechen kann. Denn

Liebe setzt Freiheit voraus und nur auf dieser Ebene ist Freiheit vorhanden. Das heißt nicht, dass die anderen beiden Ebenen unwichtig wären. Im Gegenteil. Ohne sie würde wahrscheinlich niemand zusammenkommen, geschweige denn einmal vor den Altar treten. Aber dieser ganze Reichtum von Gefühlen und Emotionen muss von der Willensebene, die Entscheidungsebene ist, in die Liebe integriert werden und von dieser Entscheidung und diesem freien Willen durchdrungen, getragen sein. Dann wird sogar ein negatives Gefühl ein Mittel, um die Liebe zu leben, zum Beispiel, indem man auch dann, wenn man keine Schmetterlinge im Bauch hat, fähig ist, etwas aus Liebe für einen anderen zu tun. Jeder kann in den Flitterwochen lieben, aber Gemeinschaft wird vor allem dort gebildet und zusammengeschweißt, wo sie gefordert wird und wenn beide diese Herausforderung als solche erkennen und annehmen.

DIE HÖCHSTE GEMEINSCHAFT

Ein letzter Gedanke für katholische Christen. Der Christ sieht im Begriff der Gemeinschaft einen weiteren, tiefer gehenden Gedanken. Gott schenkt sich den Menschen. Er liefert sich den Menschen gänzlich aus, er wird zum Weizenkorn. Hilflos, wehrlos liegt er in einer Krippe, um uns in der Kommunion zur Gemeinschaft mit ihm zu führen, „ein Geist mit ihm“ (1 Kor 6,17) zu werden, so dass gilt: „Nicht mehr ich lebe, sondern Christus lebt in mir.“ (Gal 2,20) An sein Wort „Das ist mein Leib, der für euch hingegeben wird“ (Lk 22,19) wird jeden Tag in der Messe erinnert, wo er sein „Ja“ zum Menschen unter den Gestalten von Brot und Wein gegenwärtig setzt. Wehrlos versucht er das Herz der Menschen zu erobern. Dort, in der Eucharistie, liegt die wahre Kraftquelle der Liebe. Hier lernt man, was es bedeutet,

Geschenk zu werden und zu sein und dadurch in Gemeinschaft zu treten, sich selbst durch die eigene Hingabe zu finden. Nicht ohne Grund nennen wir das „Kommunion“ – „communio“ - Gemeinschaft eben. Die Spuren von Anders Krisárs „Birth of Us (Boy), 2006 - 2007“ lege ich für mich persönlich auch gerade so aus. Die tiefsten Spuren im Menschen haben die Hände Gottes hinterlassen. Man denke an Michelangelos Erschaffung des Menschen in der Sixtinischen Kapelle. Der Abdruck der Hand jenes Gottes, der nichts anderes als Liebe ist und nicht anderes als zu lieben weiß, nichts anderes kann, wird im Menschen vor allem dann verewigt, wenn dieser liebt. Und die Spuren der Liebe dieses Gottes (der Liebe) werden umso tiefer erkennbar sein, je tiefer die Liebe vom Menschen gelebt wird. Der Mensch selbst lässt diese Berührung Gottes vor allem durch sein „Amen“ (auf Deutsch: „So sei es“) in der Kommunion zu, wenn er nicht in der Kirchenbank bleibt, sondern, wenn er wirklich vorbereitet ist, sich bewusst entscheidet, nach vorn zu kommen und sein „Ja“ mit seinem Leben zu dem ausspricht, was er im ersten Teil der Messe, beim Vortragen der Lesungen aus der Bibel gehört hat: deren Inhalt kann in dem einen Wort zusammengefasst werden: „Gott ist die Liebe und wer in der Liebe bleibt, bleibt in Gott und Gott bleibt in ihm“ (1 Joh 4,16). Dabei spricht er aber auch sein Ja zu dem aus, was er im zweiten Teil der Messe, der sogenannten „Wandlung“, die eine Feier der hingebenden Liebe Gottes am Kreuz ist, gesehen hat. Zu dem Zweck kommt er jetzt nach vorne und sagt: Ja! Ich will versuchen, das zu leben, was ich hier höre und sehe, da du jetzt in der Kommunion „ein Leib und ein Geist“ (vgl. Hochgebet III.) mit mir werden willst, gib mir die Kraft, immer mehr das zu leben, was ich hier empfange. Wie gesagt, das meint das Wort „Kommunion“ („communio“, Gemeinschaft).

04

Der Mensch

IST & WAR

nackt

„DER MENSCH KANN NICHT OHNE LIEBE LEBEN. ER BLEIBT FÜR SICH SELBST EIN UNBEGREIFLICHES WESEN; SEIN LEBEN IST OHNE SINN, WENN IHM NICHT DIE LIEBE GEOFFENBART WIRD, WENN ER NICHT DER LIEBE BEGEGNET, WENN ER SIE NICHT ERFÄHRT UND SICH ZU EIGEN MACHT, WENN ER NICHT LEBENDIGEN ANTEIL AN IHR ERHÄLT.“[25]

JOHANNES PAUL II.

Am Anfang jedes Menschen und jeder Beziehung steht die ursprüngliche, jedem Menschen zutiefst eigene Sehnsucht nach einer Beziehung, in der er wirklich „nackt“ sein kann, wo es keine Geheimnisse gibt und auch keine geben muss, wo man niemals bloßgestellt wird, sondern sich selbst entblößen kann und will, sich verwundbar macht, sich radikal öffnet und hingibt, kurzum, wo man das Risiko der Liebe und des Vertrauens auf sich nimmt, weil man weiß, dass man nicht ausgenützt wird. Denn: nach der Gabe des eigenen Ichs wird nicht gegriffen. Man sehnt sich nach einer Beziehung, in der man nicht zur „Nacktheit“ gezwungen wird, sondern sich einfach zeigen kann, wie man ist, wer man ist, was man ist, mit der eigenen Schwäche, Gebrochenheit, aber auch Stärken, wo man einfach „ich“ sein darf.

JENSEITS DER MASKEN

Nacktsein bedeutet die Abwesenheit der Masken, des Vormachens, des Vortäuschens. Aber Nacktheit ist nicht einfach „Abwesenheit“ all dieser Dinge. Sie geht viel tiefer. Ja, die „Kleidung“, die Masken, die Fassaden, sind weg. Doch dadurch wird gerade das Eigentliche sichtbar. Man sieht nicht mehr die Maske, sondern kommt in Berührung mit dem Menschen, mit der Person, die einem geschenkt wird und der man sich schenkt. Bemerkenswert ist dabei die Tatsache, dass diese Berührung gerade durch den Körper entsteht. Das „Haut-an-Haut", die Berührung des Körpers, das Umfangen-Sein, das Durchdrungen-Sein, das Leiblich-„eins"-Werden ist gerade das, was die Berührung, das Umfangen-Sein, das Durchdrungen-Sein zweier Menschen, zweier Personen – in allem, was diese zwei Menschen in ihrer Leiblichkeit und ihrem Geist ausmacht – ermöglicht. Schon die Betrachtung des anderen „ohne Kleider", der „nackt" dasteht, ohne sich aufzudrängen und sich zeigt, sich öffnet, sich anbietet, sich dadurch verwundbar macht, deutet hin auf das Geschenk nicht nur des Leibes, sondern des ganzen Menschen, der Person als solcher. Die Nacktheit deutet hin auf die Radikalität des Geschenks. Das Geschenk seiner selbst als ganze Person ist also deswegen möglich, weil man sich körperlich ganz schenken kann. Das körperliche Sich-Schenken trägt eine viel tiefere Botschaft in sich. Denn die Hingabe des Körpers vergegenwärtigt die Hingabe des Menschen selbst. Die Hingabe des Körpers, wenn sie wirklich nackt und ohne Masken geschieht, vergegenwärtigt die Liebe des Menschen, der sich schenkt. Hier erscheint die Wichtigkeit des Körpers und konkret die des eigenen Körpers: Menschliche Liebe wäre ohne den Körper nicht möglich. Nacktheit erlaubt die Berührung, erlaubt, dass das Sakrament (ein sichtbares Zeichen, welches das, was bezeichnet wird, nicht nur symbolisiert, sondern gegenwärtig setzt), entsteht. Durch das Körperliche wird die Liebe selbst nicht nur symbolisiert, sondern sinnfällig vergegenwärtigt. Aber weil Liebe immer mit Freiheit zu tun hat, gibt es keinen notwendigen

Zusammenhang zwischen dem Zeichen und der Wirklichkeit. Nackte Berührung kann die Vergegenwärtigung der innigsten Liebe, aber auch die der tiefsten Verletzung werden.

Nacktheit bezieht sich nicht nur auf die Nacktheit des Körpers. Doch gerade im Moment des Ein-Fleisch-Werdens, der körperlichen und der „seelischen" Nacktheit, des Völlig-offen-Seins, des Völlig-einfach-man-selbst-sein-Dürfens macht der Mensch eine Erfahrung seiner selbst – und auch des anderen, weil er vom anderen angenommen wird, umarmt wird, in die Intimsphäre, ins Herz des anderen hineingelassen wird und einfach um seiner selbst willen gewollt ist.

Masken erscheinen dann, wenn man sich selbst nicht völlig annehmen kann. Sie entstehen auch dort, wo Angst herrscht, dass man vom anderen nicht angenommen wird. Man hat Angst, dass der andere diese von der Maske versteckte Seite des eigenen Ichs nicht akzeptieren, nicht innerlich umarmen wird. Wenn zum Beispiel die Nacktheit des Körpers der Frau echt ist, wenn dieses körperliche Nacktsein von einem geistigen Nacktsein getragen ist, dann gibt sie nicht eine Maske, sondern sich selbst ganz und gar hin. Wenn auf der anderen Seite der Mann die volle Bedeutung des Nacktseins der Frau wahrnimmt, realisiert und annimmt, wenn er eben in ihrem körperlichen Nacktsein das radikale Öffnen ihrer Intimsphäre, ihres Herzens, ihr Sich-verwundbar-Machen, ihr Sich-Ausliefern, Sich-ihm-Entblößen und Ihm-ihr-Herz-Anvertrauen entdeckt, und wenn er das dann nicht ausnützt, sondern es auch wiederum nackt, ohne Masken, Vorbehalte, Vortäuschungen, Hintergedanken annimmt und in sich aufnimmt, dann beginnen beide durch diese körperliche, wirklich nackte, gegenseitige Hingabe die tiefe Bedeutung des eigenen männlichen bzw. weiblichen Körpers zu erfahren. Dieses Völlig-angenommen-Sein in der gegenseitigen

Nacktheit voreinander deutet nicht einfach auf ein Fehlen einer Maske hin, sondern wird zu einer ganz neuen Erfahrung der Fülle eines „Wir". Und das, weil beide eben ganz und nicht nur teilweise angenommen werden und weil beide sich ganz und nicht nur teilweise geben, weil beide sich einander völlig schenken – wodurch dann eine wahre Gemeinschaft von Menschen entstehen kann und nicht nur das Zusammensein zweier Körper zum Vorschein kommt.

Anders ausgedrückt: Sich vor dem anderen entkleiden, um nackte Berührung und gegenseitiges vorbehaltloses Durchdringen zuzulassen, ist genauso wie das Geschenk der Blume oder das Schlagen eines blauen Auges eine Körpersprache. Die Frage ist aber, was besagt sie konkret? Vor allem dreierlei: Kontrollverlust, Radikalität des Geschenks, Verwundbarkeit.

DIE KONTROLLE VERLIEREN

Man steht nicht vor, sondern hinter der Mauer. Der Körper wird dargestellt, wie er wirklich ist. Er wird nicht verschönert, aber auch nicht verschlechtert. Man verzichtet auf die Möglichkeit, sich zu einem späteren Zeitpunkt noch weiter zu öffnen. Man hat mit der Nacktheit eine Grenze erreicht, über die man nicht mehr hinausgehen kann. Mehr zeigen kann man nicht. Es gibt keine Karten mehr, die man noch ausspielen könnte, wenn es notwendig werden sollte. Man hat kein Geld mehr in der Börse, mit dem man den anderen zum Zusammenbleiben erpressen könnte. Man hat nichts mehr zu geben. Das heißt, man lässt die Zügel fallen, mit deren Hilfe man versuchen könnte, die Beziehung noch zu kontrollieren. Das heißt, man hat freiwillig die Kontrolle verloren und sich dem anderen anvertraut. Eva weiß ja nicht, wie Adam reagieren wird, ob er, nachdem er jetzt aber auch alles gesehen hat, was Eva ihm zeigen konnte, sie noch so annehmen wird, wie sie wirklich ist. Das sagt die Körpersprache aus. Ob man das auch wirklich meint, ob die äußere Nacktheit auch die Vergegenwärtigung der an einer Grenze angelangten Entblößung des Herzens ist, wo es keine Geheimnisse mehr gibt, sondern radikale Offenheit, das ist natürlich eine andere Frage und sicherlich immer wieder eine Herausforderung. Nur – die Aussage des Körpers steht. Das ist es, was Eva Adam und Adam Eva mittels ihres Körpers sagen. Genauso kann Adams Blume für Eva auch eine wahre oder eine trügerische Aussage beinhalten. Die Aussage steht aber jedenfalls im Raum. Mit welchem Inhalt man sie füllt, bleibt der eigenen Entscheidung überlassen.

In Wirtschaft und Politik gilt: Information ist Macht. Wenn einer weiß, dass der Obmann der gegnerischen Partei seine Doktorarbeit abgeschrieben hat, dann kann diese Information zu gegebener Zeit gegen den Obmann benutzt werden, man könnte sogar versuchen, ihn zu erpressen. Freigabe von Information heißt, die Kontrolle über diese Information zu verlieren. Man weiß eben nicht, wie der andere mit dieser Information umgehen wird. Die Sprache der Nacktheit ist deswegen so aussagekräftig, weil es nicht um eine, sondern um die gesamte Information geht. Man hat dem anderen nichts mehr zu zeigen. Man verliert nicht über einen Teilbereich des eigenen Lebens die völlige Kontrolle, sondern über den Gesamtbereich, weil es überhaupt keine Geheimnisse mehr gibt. Adam sagt zu Eva: Es gibt nichts in mir, das ich nicht mit dir teile.

Der Wahnsinn dabei ist, dass es bei der Adam-und-Eva-Erzählung nicht nur um eine äußere Information geht, sondern eben auch um etwas so Intimes und Innerliches, dass ein verkehrter

Gebrauch dieses Gezeigten als Missbrauch des eigenen Ichs empfunden wird. Das heißt, je intimer und innerlicher die Information, desto größer das Risiko. Aber das ist es ja, was das Herz so erobert, wenn zum Beispiel Eva merkt, dass Adam sich ihr völlig ausliefert, dass ihr voll bewusst ist, dass er in diesem Moment extrem verwundbar ist, dass sie ihn unglaublich verletzten könnte und dass zugleich sie, Eva, ihm dieses Risiko wert ist.

Kontrollverlust heißt in diesem Fall aber nicht, dass man das Bestimmungsrecht über sich selbst verloren hat, dass man nicht mehr Herr seiner selbst und seiner Taten ist. Was es aber sehr wohl heißt, ist, dass eine Eva dem Intimsten und Wertvollsten, das sie hat, eine Bestimmung geben könnte, die Adam selbst nicht will. Ein Vergleich: Sollte jemand meine Mutter schlagen, dann würde ich das als eine Verletzung meiner selbst empfinden. Es würde mich sehr aufregen, weil ich sie liebe, mich mit ihr identifiziere... ein wenig so wie der Satz von Jesus von Nazareth: „Was ihr für einen meiner geringsten Brüder getan habt, das habt ihr mir getan" (Mt 25, 40). Jetzt ist es aber so, dass die Werte, die mit der eigenen Sexualität (mit mir konkret als dieser Mann, oder diese Frau, die ich bin) zu tun haben, so mit mir selbst, meiner Identität, mit dem eigenen Ich verwoben sind, dass eine Verletzung dieser Werte als Verletzung des eigenen Ichs empfunden wird. Eigentlich kann man das eigene Selbst und die eigenen sexuellen Werte gar nicht trennen. Deswegen wird das Preisgeben von Information über die eigene Sexualität, das wirklich gemeinte und von Herzen kommende Herzeigen von Körperteilen, die mit der eigenen Sexualität zu tun haben, als ein Preisgeben vom eigenen Selbst empfunden. Das heißt, die Entkleidung des Körpers ist mehr als eine Entkleidung des Körpers. Gerade dadurch wird das eigene Ich entkleidet, preisgegeben, angeboten, hergegeben. Man lässt den anderen heran an das, was am intimsten ist, die eigene Freiheit, das eigene

Entscheidungsrecht, und lässt den anderen sozusagen mitreden, mitentscheiden, was jetzt mit dem eigenen Ich passieren wird. Kontrollverlust – wobei man sich voll bewusst ist, was das heißt und was eigentlich auf dem Spiel steht, wie hoch das Risiko ist. Und da man es begriffen hat, entscheidet man sich dafür. Liebe eben.

IST LIEBE RADIKAL?

Es geht hier eben nicht um eine Blume. Berührungen zwischen Menschen gibt es viele. Warum ist diese so anders? Warum empfindet man sie so anders? Ich persönlich habe schon sehr enge Berührungen mit anderen Menschen erlebt. Auf dem Fußballfeld, in der Sandkiste, auf dem Spielplatz, beim Eishockey, in der Klinik, in einem Zelt bei Minusgraden in den Rockies. Blaue geschwollene Augen, Jubelumarmungen, ein Loch im Kiefer. Menschen sind mir dort sehr nahe getreten. Ich habe sogar einem Zahnarzt erlaubt, stundenlang in meinen Mund Dinge herauszubohren und mich fast zu Tode zu foltern. Aber ein Trauma hat keine dieser Berührungen hinterlassen, Unversöhntheit und gebrochene Herzen gab es nicht. Trotz seiner lebensrettenden Maßnahmen und zehn Tage Krankenhausaufenthalt nach einer Vergiftung fühle ich mich mit einem gewissen Arzt nicht einmal besonders verbunden. Ja gut, dankbar natürlich schon. Aber heute kann ich mich gar nicht mehr an seinen Namen erinnern, geschweige denn daran, wie er aussah, noch krasser: Ich weiß nicht einmal mehr, ob es ein Mann oder eine Frau war. Und das entkleidete Einswerden? Warum hinterlässt **das** solche Spuren? Warum bringt es mitunter die stärksten Gefühle und Emotionen, die der Mensch kennt, mit sich? Was ist da aber auch soooo extrem anders? Was hat immer wieder manche Frauen sogar dazu gebracht, lieber zu sterben, als sich vergewaltigen zu lassen?

Es geht eben nicht um eine Blume. Es geht eben nicht um eine äußere, physische Haut-an-Haut-Berührung, wie wenn zwei Menschen sich die Hände schütteln. Es geht eben um eine radikale Aussage des Körpers, die radikalste, zu der der Mensch überhaupt fähig ist. „Stark wie der Tod ist die Liebe.... Böte einer für die Liebe den Reichtum seines Hauses, nur verachten würde man ihn“ (Hld 8, 6-7). Die Körpersprache einer nackten Eva will sagen:

„Ich stehe dir zur Verfügung. Ich gebe mich dir hin. Du kannst jetzt mit mir machen, was du willst. Theoretisch könntest du mich jetzt töten, du könntest mich irreparabel verletzen. Aber damit du siehst, wie radikal meine Hingabe ist, entblöße ich mich ganz vor dir.“ Nicht, dass sie glaubt, dass er sie verletzen würde, sie spricht es noch nicht einmal aus, um nichts von der unübertrefflichen grenzenlosen Hingabe wegzunehmen, sie geht einfach das Risiko ein. Sie will das Risiko eingehen. Leidenschaftlich.

Jetzt bleibt aber trotzdem die Frage, warum diese Entblößung so aussagekräftig ist. Was steckt in diesem nackten Zusammenkommen zweier Menschen? Denn die Entblößung des Zehs durch das Tragen von Sandalen sagt ja nicht dasselbe aus. Und warum wird diese Entblößung des Einswerdens mit Hingabe gleichgesetzt? Warum wird die Berührung des Mannes von der Frau beim Zusammenkommen so anders empfunden als wenn derselbe Mann als Zahnarzt bei der Arbeit im Mundbereich dieselbe Frau als Patientin sogar noch viel länger berührt? Und warum endet ein *händehaltendes „Ich liebe dich“*, „Ich würde alles für dich geben" mit der nackten Berührung des Einswerdens und nicht mit Fingern im Mund? Ist es nicht deswegen, weil beide erahnen, dass sie gerade durch dieses Einswerden den Höhepunkt des „Ich würde alles für dich geben" und „Ich liebe dich" zum Ausdruck bringen können? Und dass dasselbe eben nicht beim „Finger im Mund" zum Ausdruck kommt? Das heißt, dass sie die Hingabe an den anderen gar nicht stärker und aussagekräftiger sagen könnten und noch wichtiger, sogar nicht stärker zeigen könnten? Ist das nur reine Konvention? Könnte man es einfach beliebig ändern, sodass der Finger im Mund die Radikalität des Sich-Schenkens ausdrückt? Nein, eben weil es keinen inneren Zusammenhang zwischen dem Akt und der Aussage gibt. Worin besteht denn dieser innere Zusammenhang eigentlich? Und warum sagt die Körpersprache nicht nur diesen Höhepunkt der Hingabe aus, sondern ist es auch wirklich? Warum ist die Entblößung der Sexualorgane, nicht aber der Zähne, so ein radikales Geschenk für den anderen, und zugleich in manchen Fällen eine so wahnsinnige Verletzung?

Ein paar Ideen dazu standen schon beim Thema „Kontrollverlust". Hier vielleicht noch tiefer ausgedrückt: Die Antwort würde ich vor allem in dem finden, was man das „Risiko des Kindes" nennen könnte. Denn wenn die Körpersprache nicht nur teilweise, sondern wirklich nackt ist – auch ohne Kondome oder Pillen oder Spiralen, wenn es nichts gibt, was man der Körpersprache in den Weg stellt, wenn Adam und Eva beim Mund-Kuss kein Stück Papier dazwischen schieben, sondern wirklich nackte Berührung stattfinden kann, Mund zu Mund und intimste innere und äußere physische Berührung... Was geht dann hier vor?

Eva schenkt Adam dann ja wirklich alles. Es gibt keine weiteren Karten mehr, die sie ausspielen könnte, dann ist er und nicht ein anderer eben der Vater ihres Kindes geworden. Sie kann sich dann nicht mehr für einen anderen aufheben, denn ihr Kind ist das Seine: „Du bist der Vater meines Kindes, kein anderer, erst jetzt bin ich wirklich deine Frau geworden". Und die Möglichkeit des Kindes bedeutet sofort auch für ihn: Ich, Adam, will Verantwortung für dich und für unser gemeinsames Kind übernehmen. – Okay, vielleicht lügt er, aber wenn sie weiß, dass die Berührung nackt ist und es auch vorbehaltslos haben will, dann ist ihr in der Tiefe ihres Herzens bewusst: Dieses Ein-Fleisch-Werden sagt aus: Jetzt ist es für immer. Er will eine bleibende Beziehung. Er meint es ernst mit mir. Und er sagt mit seinem Körper in diesem Moment: „Ich will Vater deiner Kinder werden. Ich will dein Mann sein, in guten und in schlechten Zeiten, in Krankheit und in Gesundheit, bis der Tod uns scheidet". ...„bis zum Tod": Das ist radikal. „Du, Eva, du wirst meine Frau sein. Ich habe mich für dich entschieden und jetzt habe ich diese Entscheidung mit meiner Tat vollzogen. Vor diesem Moment waren alles schöne Worte. Aber jetzt wird mein Wort durch meinen Körper bestätigt." Liebe muss Fleisch werden. Hier wird sie Fleisch, wortwörtlich.

Gerade die Fruchtbarkeit erlaubt es, ganz in die Intimsphäre des anderen einzutreten – und zuzulassen, dass der andere die eigene betritt. Es ist ja nicht so, dass aufgrund eines leidigen Unfalls der Natur Sex fruchtbar ist, weswegen dieser Aspekt „wegmediziniert" werden müsste. Fruchtbarkeit lässt einem am Leben des anderen in einer Art und Weise teilhaben, die für den Außenseiter völlig undurchschaubar ist. Sie ist gerade das, was sexueller Liebe ihre Tiefe schenkt. Fruchtbarkeit führt zur Offenbarung der eigenen Identität im gemeinsamen Kind: Man erfährt und entdeckt sich selbst als Vater, als Mutter, als Mann dieser Frau, als Frau dieses Mannes. Fruchtbarkeit nicht zu wollen, bedeutet, dass man jemandem etwas vorenthält, sich ihm nicht ganz öffnet, nicht ganz hingibt. Der andere darf an der

Oberfläche bleiben, doch Teil des eigenen Selbst soll er nicht werden: „Ich will dich, aber nicht ganz. Ich will dich, aber nicht wirklich um mein Leben mit dir zu teilen."

Die hier beschriebene Nacktheit ist deswegen ein so radikales Geschenk, das Größte, was man geben kann, weil es das ganze Leben in die Waagschale wirft. Aus Liebe entscheidet man sich eben für diesen Mann, diese Frau. Andere Optionen stehen von diesem Moment ab nicht mehr offen. Das etwaige gemeinsame Kind (nicht dass jedes Mal, wenn man zusammenkommt, ein Kind entstehen muss oder soll) ist die fleischgewordene Liebe der Entscheidung füreinander. Du hast mein Herz gestohlen. Du bist die Frau, der Mann meines Lebens.

VERWUNDBAR

Die Nacktheit ermöglicht den Einlass des anderen in die eigene Intimsphäre. Da kommt keiner hin, wenn man nur die Hand schüttelt. Die Intimsphäre ist dort, wo man „zu Hause" ist, wo man absteigt, wo man alleine mit sich selbst ist, wo man erkennt, was man tut, und sich frei entscheidet. Es ist einfach der Sitz des eigenen „Ichs": Niemand kann für einen selbst fühlen, denken, entscheiden. Jeglicher Versuch, jemanden zu zwingen, etwas zu spüren, zu denken oder zu entscheiden, wäre eine Grenzüberschreitung. Jetzt spüren aber Adam und auch Eva, dass die eigene Sexualität als Mann und Frau so sehr mit dem eigenen „Ich" verwoben ist, dass allein das „Anschauen" ohne Erlaubnis schon als Grenzüberschreitung empfunden wird. Bei der nackten Berührung des Einswerdens geht es aber noch viel weiter. Denn man wird nicht nur angeschaut, sondern das Verfügungsrecht wird gewissermaßen dem anderen übergeben.

„Wir teilen unsere Bestimmung, ich erlaube dir, mit mir gemeinsam das zu bestimmen, was mit dem passiert, was mir am innigsten ist, das eigene Frausein, das eigene Mannsein. Außerdem bin ich nicht mehr einfach für mich selber da, ich bin da, um dich glücklich zu machen, um einen gemeinsamen Weg mit dir zu gehen, dir mich radikal und ganz – und eben keinem anderen Mann, keiner anderen Frau – zur Verfügung zu stellen. Ich lasse zu und ich will es sogar, dass der andere meine Freiheit bindet, um gewisse Möglichkeiten, die mir vorher noch zu Verfügung standen, will ich mich selbst beschneiden."

Wenn aber nur einer von beiden das wirklich meint, dann macht der andere (oder beide, wenn keiner der beiden es ernst gemeint hat) früher oder später die Erfahrung, angelogen worden zu sein, dass die Körpersprache also gar nicht das war, was sie zum Ausdruck zu bringen schien. Statt Selbsterkenntnis zu ermöglichen, wird dadurch Selbsterkenntnis verhindert. Wo Nacktheit wirklich nackt ist, dort erfährt man: Ich bin nicht ein Gebrauchsgegenstand, sondern geliebt, angenommen um meiner selbst willen. Wo sie nicht wirklich nackt ist, dort erfährt man: Ich bin ein guter Gebrauchsgegenstand, man kann mich gut benutzen, ich bin gut, insofern ich deine Bedürfnisse stille, aber nicht mehr um meiner selbst willen. Und das kann tiefe Verwundungen hinterlassen, die Eva nicht mehr so schnell vergisst. Es geschieht eben nicht dasselbe, wie wenn Adam den großen Zeh von Eva sieht, selbst wenn es ohne ihre Erlaubnis geschehen würde.

Vielleicht kann man es auch so darstellen: Wenn ein junger Mensch stolpert und fällt, dann ist das nicht so tragisch. Wenn er sich aber aus vier Meter Höhe, im vollen Vertrauen auf sein ihn sicherndes Hochseilgarten-Team, in die Tiefe wirft...? Was dann? Was dann, wenn sie ihn im Stich lassen? Ausgenutzt werden schmerzt deswegen so sehr, weil man entblößt, mit allem was man hatte, mit radikalem Risiko und in vollem Vertrauen gesprungen ist. Aber ekstasemäßig geht es zu, wenn man erfährt: Der meint es wirklich so, ich falle nicht ins Leere, sondern in seine Arme, in die Tiefe seines Herzens.

Vor kurzem bin ich auf ein Werk des australischen Künstlers Michael Needham gestoßen. Dieses Werk, „Hallowed Object, 2006", gibt den Eindruck eines hölzernen Altares, der umgestoßen und teilweise zerhackt wurde. Das Werk wurde vor Jahren in einer Kathedrale ausgestellt, was das Ganze für mich noch aussagekräftiger machte. Für mich ist der umgestoßene Altar wie der Körper des Menschen, der eben „Hallowed" – etwas Heiliges ist. Aber das Sich-Zeigen macht den Körper verwundbar. Ein hölzerner Altar kann sich nicht wehren. Wenn man ihn zerstören will, kann man es tun. Aber eigentlich ist es gleich, ob der Altar zu 10 oder 80 Prozent zerstört wird. Natürlich ist die Zerstörung bei 80 Prozent größer, aber für die Schändung, für die „verletzte Würde" reichen schon die 10 Prozent aus. Mit dem Körper des Menschen und seiner Nacktheit verhält es sich genauso. Verletzungen, aber auch Würdigungen im Bereich des Sexuellen, werden auf den ganzen Menschen bezogen, werden auf das eigene Ich ausgelegt und als Liebe oder Schändung des ganzen Ichs empfunden, auf die 100 Prozent eben.

Nackte Beziehung fordert enorm heraus: Masken begraben, Vortäuschung von sich weisen, Ehrlichkeit und Offenheit zeigen, den Partner annehmen. Zugleich, es lohnt sich. Denn die Erfahrung, dass der eigene Körper völlig „nackt", völlig angenommen sein kann und als Geschenk empfunden wird, lässt den Wert des eigenen Körpers aufleuchten und dadurch den des eigenen „Ichs" erfahren.

DAS SANDWICH

Beim „Nacktsein" geht es schon darum, „ohne Kleidung" zu sein – aber es geht eben auch um viel mehr. „Nacktheit" wird in Genesis in zweierlei Kontexten und Begebenheiten dargestellt. Die erste Begebenheit ist die des Ein-Fleisch-Werdens von Mann und Frau. Die zweite Begebenheit ist die Präsenz der „Schlange" und des „Baumes". Das „Nacktsein" bezieht sich erstens auf eine Gemeinschaft des gegenseitigen Sich-Schenkens und zweitens auf die Versuchung, der diese Gemeinschaft ausgesetzt ist: nämlich, sich nicht beschenken zu lassen, sondern die Frucht des Baumes an sich zu reißen, was zur Verschleierung der Nacktheit führen wird.

> *„Darum verlässt der Mann Vater und Mutter und bindet sich an seine Frau, und sie werden ein Fleisch. Beide, Adam und seine Frau, waren nackt, aber sie schämten sich nicht voreinander. Die Schlange war schlauer als alle Tiere des Feldes, die Gott, der Herr, gemacht hatte. Sie sagte zu der Frau: Hat Gott wirklich gesagt: Ihr dürft von keinem Baum des Gartens essen?" (Gen 2,24-3,1)*

Die Nacktheit ohne Scham meint auf besondere Weise dieses Ein-Fleisch-Werden, noch bevor diese Gemeinschaft der Versuchung des „An-sich-Reißens" erlag. Im Ein-Fleisch-Werden waren sie natürlich nackt. Jedoch betont der Autor der Genesis die Tatsache nicht, weil das Nacktsein beim Ein-Fleisch-Werden etwas Besonderes wäre, sondern, weil das Sich-nicht-voreinander-Schämen dieser Nacktheit ihren besonderen Charakter verlieh.

Nacktheit im Sinn von Genesis lässt sich im Rahmen des Ein-Fleisch-Werdens verstehen. Nacktheit, bei der keine Scham entsteht, widersetzt sich allen Versuchungen der „Schlange", das Geschenk des anderen, „die Frucht des Baumes" an sich reißen zu wollen. Nacktsein ohne Masken ermöglicht die Erfahrung der Würde und des Wertes des anderen und des eigenen „Ichs" – ich, der ich um meiner selbst willen in meiner Ganzheit gewollt und geliebt werde. Scham fügt der Nacktheit des „Anfangs" dann eine weitere Perspektive hinzu und wird im 9. Kapitel behandelt.

05

Der Mensch WAR unschuldig & WILL ES wieder werden

**DIESE UNSCHULD IST GENIAL,
SODASS DU AM LIEBSTEN WEINEN MÖCHTEST
DIESE UNSCHULD IST GENIAL, BITTE GEHE NICHT WEG
DENN ICH BRAUCH DICH JETZT
UND ICH WERDE SIE FESTHALTEN,
LASS SIE NICHT VORÜBERGEHEN.**[26]

AVRIL LAVIGNE, INNOCENCE

Schon war ich vorbeigefahren, aber mein Herz war bei dieser Frau geblieben. Es war erst vor kurzem. Ich fuhr in einem kleinen, abgelegenen Dorf in den französischen Alpen eine schmale Straße entlang. Nur kurz habe ich sie gesehen... aber dieser Anblick! Die Frau selbst war irgendwo in ihren 70ern. Schwer fiel es ihr, auf ihren Krücken zu gehen. Ein Blick himmelwärts. Es schien nicht, als hätte ein bestimmter Berggipfel ihren Blick gefesselt. Man hatte auch nicht den Eindruck, als hätte sie mit einem kurzen, respektlos ausschweifenden Blick gleich den ganzen Horizont eingeatmet oder ausgetrunken, so wie ein Tourist, der ja viel für den Urlaub in den Bergen bezahlt hat und jetzt bei sich denkt: „Die Landschaft soll gefälligst etwas hergeben" und wenn sie das nicht tut, verbittert dreinschaut – ihre Augen waren nicht verbittert, auch nicht gefräßig. Außerdem hätte sie sowieso keinen Berggipfel sehen können, die waren von dichten Wolken umhüllt, es drohte zu regnen. Touristin war sie aber anscheinend doch, das kurze Schweifen der Augen gab es auch. Aber das war eben anders. Es war, als hätte sie sich gerade in der Sonne gebadet, die es heute nicht gab. Die Berge, die durften und sollten bleiben, wo sie waren. Hier sein zu dürfen, das war schon Geschenk genug. Ein Funkeln in den Augen, wie ich es schon mal bei einer 90-jährigen Nonne gesehen hatte und bei einem vierjährigen Kind, oder vielleicht doch nicht, beim Kind, meine ich. Das Funkeln beim Vierjährigen war naiv. Das hier war um viele Schicksalsschläge gereifter, tiefer. Und, es war eben echt und ich hatte den Eindruck, der nächste Schritt mit den Krücken wäre schon ganz anders. Sie war einfach dankbar, dort sein zu dürfen. Die Schicksalsschläge des Lebens hatten ihren Blick für das Schöne nicht getrübt, ihre Fähigkeit, dankbar das Geschenk kleiner großer Augenblicke wahrzunehmen und anzunehmen, nicht zerstört, im Gegenteil. Oh Gott! dachte ich mir, und schon war sie aus meinem Blickfeld verschwunden. Oh Gott! dachte ich erneut: Lass das Große, was im Herzen dieser Frau ist, nicht zerbrechen! Es würde mich zerreißen, da zuschauen zu müssen!

Aber leider, manchmal passiert es doch. Etwas zerbricht im Menschen. Man wird hart, bitter oder einfach hoffnungslos. Ich musste an eine weitere Begebenheit denken. Es war vor fast 20 Jahren, leider kann ich mich bis heute immer noch an das genaue Datum erinnern. Es geht um einen Bekannten, den ich zutiefst schätze. Von Grund auf ein sehr einfacher Mann, aber eine Aufrichtigkeit und eine Ehrlichkeit, der ich selten in meinem Leben begegnet bin: ein Mann „de una sola pieza" - „aus einem Guss" wie die Spanier sagen würden. Er hatte sich ganz extrem für seinen Freund eingesetzt. Nicht nur ein wenig. Etliche Kosten hatte er auf sich genommen, sogar bis zu einem anderen Kontinent war er gereist, hatte Zeit, Rat, Unterstützung jeglicher Art geschenkt, um seinem Freund in einer schwierigen Situation zu helfen. Ich spreche auch nicht von einer einmaligen Aktion, sondern von einem Handeln, das über Jahre angedauert hat. Er hatte völlig vertraut. Eines Tages, an dem Tag eben, den ich nicht vergessen kann, hat sein „Freund" ihn kalt sitzen lassen und die Botschaft, die herüberkam, war: All diese Jahre ging es nicht wirklich um eine Freundschaft, sondern um ein kalkuliertes Ausnützen der Güte dieses Mannes. An diesem Tag wurde seine Güte und Aufrichtigkeit „aufgebraucht" – ich weiß nicht, ob das das richtige Wort ist... Aber etwas ist in ihm an diesem Tag zerbrochen, was leider bis heute noch seine Nachbeben hat.

Die Armen, die Kleinen, die Wehrlosen, die Unschuldigen – da widerstrebt alles in einem, wenn gerade sie als Gebrauchsgegenstände betrachtet, bewertet und behandelt werden. Warum trifft es einen so, wenn ein Unschuldiger leidet, besonders, wenn es um ein Kind geht? Irgendwie sagt man sich: Das darf nicht sein, da passiert eine große Ungerechtigkeit. Die Frau neben der französischen Bergstraße. Natürlich kannte ich sie nicht, hatte sie nie vorher und habe sie nie danach gesehen. Natürlich kann ich nicht sagen, wie und wer sie wirklich war. Und doch, irgendwie konnte ich es wissen. Es stand in ihren Augen, im Gesichtsausdruck zu lesen: Hier ist etwas ganz Kostbares vorhanden, das es zu bewahren gilt. Was folgt, ist ein Versuch, dieses kostbare Etwas und die Sehnsucht, es zu bewahren, tiefer zu erforschen und zu begreifen.

KITSCH

Der Mensch war unschuldig und er will es wieder werden. Ach ja? Unschuld? Auf welchem Planeten bist du denn geboren? – Den meisten kommen da wahrscheinlich irgendwelche kitschige Bilder in den Sinn. Und damit, mit dem Kitsch eben, mit dem will man ja wirklich nichts zu tun haben. Außerdem. Unschuld gerade bei Erwachsenen wird zuweilen ja mit Naivität in Zusammenhang gebracht. Und naiv sein, das will ja eigentlich keiner. Die Unschuld, um die es hier geht, hat aber auch gar nichts mit Kitsch zu tun, noch weniger mit Naivität.

9. Juli 2013. Rihanna steht auf der Bühne in der Wiener Stadthalle und feiert den Sexualtrieb in aller Öffentlichkeit. Und doch, Kommentare wie, „Mother Mary, I swear I wanna change" und „Mister Jesus, I'd love to be a queen, but I'm from the left side of an island, never thought this many people would even know my name" ließen die Vermutung im *Die Presse*-Autor Samir Köck hochkommen: „Die Sehnsucht nach der .... Frömmigkeit ihrer Kindertage, irgendwie schimmerte sie durch all das an diesem Abend exekutierte sündige Treiben hindurch."[27]

Sehnsucht. Sehnsucht nach was denn eigentlich? Nach der *„Frömmigkeit* ihrer Kindertage" – ja, vielleicht. Um ehrlich zu sein, auch wenn ich Priester bin, geht es mir hier nicht so sehr um die Frage der Frömmigkeit und nicht einmal um das von Köck erwähnte „sündige Treiben", sondern eher um die Tatsache, dass dieser Szene-Journalist in dieser Sängerin ganz deutlich einen inneren Konflikt feststellte und ihre Sehnsucht verspürte: Ich will diesem Konflikt entrinnen, ich verlange, sehne mich nach einer Zeit, in der noch nicht so viel in mir zerbrochen war. Verlangen nach Unversehrtheit.

INNEN ODER DOCH VON AUSSEN?

Papst Johannes Paul II. würde sagen, dass die ursprüngliche Unschuld das vollkommene Ethos der Gabe offenbart und gleichzeitig herstellt.[27] Das „Ethos der Gabe" steht im Gegensatz zu einer Ethik, die sich nur auf äußere moralische Vorschriften bezieht, oder auch zu einem Ethos, das nicht an die Größe des Menschen glaubt. Das „Ethos der Gabe" hingegen bezieht sich zuerst auf eine innere Herzenshaltung, die Resultat der eigenen gewonnenen Erkenntnis und der eigenen freien Entscheidung ist. Probleme entstehen, wenn Dinge nur deshalb getan werden, weil sie vorgeschrieben sind. Freiheit geht allmählich dort verloren, wo das Gesetz um des Gesetzes Willen befolgt wird. Zum Beispiel: Wenn ich als Priester jemandem sage, er solle in die Kirche gehen, weil es sich so gehört, und immer wieder darauf beharre, dann ist die Wahrscheinlichkeit groß, dass dieses Beharren früher oder später als Grenzüberschreitung empfunden wird. Warum? Weil ein Gebot auferlegt wird, ohne dass die fragliche Person es versteht. Freiheit verlangt also, dass die Person sich selbst eine Bestimmung auferlegt, nicht aber aus einer Bauchreaktion heraus, nicht willkürlich, nicht einfach, weil es jemand anderes sagt. Das kann sicher manchmal helfen, aber es genügt nicht. Denn dann wird es keine freie Entscheidung sein, sondern eben eine Bauchreaktion oder eine Entscheidung, die jemand anderes, nicht aber man selbst für sich getroffen hat. Ein Vollgebrauch der Freiheit verlangt, dass man versteht, worum es bei der Entscheidung geht – wenigstens zu einem gewissen Grad. Mit anderen Worten. Freiheit setzt objektive, in den Dingen vorhandene Werte voraus, die nicht einfach erfunden, sondern vorgefunden werden. Wo objektive Werte fehlen, müssen alle möglichen Regeln aufgestellt werden, um irgendwie das Leben zu ordnen. Und solchen Regeln, die ohne Fundament dastehen, fügt man sich letztlich wie eine Marionette.

Der aus dem inneren „Ethos der Gabe" handelnde Mensch tut die Dinge nicht einfach blind, weil das soziale Bewusstsein dies ihm sagt oder weil eine Firma, ein Staat oder auch eine Religion es ihm vorgeschrieben haben. Ein aus Ethos handelnder Mensch tut die Dinge, weil er versteht, warum er sie tun sollte, und weil er sich frei entschieden hat, sie zu tun. Weil er einen Wert, das sittlich Gute, erkannt hat und begreift, dass dieser Wert übereinstimmt mit dem, was seine Sehnsucht ist und mit dem, was er eigentlich will. Deswegen entscheidet er sich dafür. Der aus einem inneren Ethos lebende Mensch will diesen Wert leben. Er entscheidet sich dafür, weil er es möchte.

Die Überbetonung der Regeln gerade auch im Bereich der Sexualität entstammt, gemäß Johannes Paul II., einem Misstrauen gegenüber den Fähigkeiten der menschlichen Freiheit. Es sollte dem Menschen nicht so sehr um die Unterdrückung seiner Leidenschaften, sondern um das Befolgen seiner tiefsten Sehnsüchte gehen. Hier ein paar seiner Gedanken:

> *„Wir können das Herz nicht kontinuierlich unter Verdacht stellen... die Erlösung ist eine Wahrheit, eine Wirklichkeit, von der sich der Mensch angesprochen und berufen fühlen muss, und zwar auf wirksame Weise... Das bezieht sich...auf die tiefste Schicht seines Menschseins, seiner Person, auf die tiefsten Impulse seines ‚Herzens'. Spürt der Mensch nicht, zusammen mit der Begierde, ein tiefes Bedürfnis, die Würde seiner gegenseitigen Beziehungen (als Mann und als Frau)... zu bewahren? Verspürt er nicht das Bedürfnis, diese mit allem, was erhaben und schön ist, zu durchdringen? Spürt er nicht das Bedürfnis ihnen den höchsten Wert zu verleihen: die Liebe? ... (Es geht nicht nur um) ein anderes Ethos, sondern um eine andere Sichtweise hinsichtlich der Möglichkeiten des Menschen."*[29]

Hier tritt ein weiterer Aspekt des „Ethos der Gabe" zum Vorschein: Hier ist die Rede nicht nur von irgendeinem Ethos, sondern eben von einem Ethos der Gabe. Das „Ethos der Gabe" bezieht sich auf eine innere Herzenshaltung, wobei derjenige, der sich bemüht, dieses Ethos zu leben, erstens erkennt, dass die tiefste Bedeutung und der Sinn des Menschseins nicht irgendein beliebiger ist, sondern darin besteht, Gabe sein zu können, sich einem anderen zu schenken, für andere da zu sein und selbst als Geschenk empfangen zu werden, und sich zweitens dann immer wieder frei dazu entscheidet, diesen Wert zu leben. Die Sehnsucht nach der ursprünglichen Unschuld bezieht sich einfach auf den Wunsch, der am Anfang jeglichen menschlichen Verlangens steht, genau diesen Wert aus einer inneren Freiheit heraus leben zu können. Die „Unschuld" des „Anfangs" bezieht sich letztlich auf die Fähigkeit, echt lieben zu können und echt geliebt zu werden, frei von Zwang, Entstellung, Masken, Selbstsucht und Egoismus. Die Fähigkeit hierzu entwickelt sich nicht aufgrund von Naivität, sondern von Reife. Wie schon vorher erwähnt wurde: „Menschliche Reife bedeutet den vollen Gebrauch des Geschenkes der Freiheit."[30] Es geht um eine Reife in der Liebe, wo der Wert und die Bedeutung des Körpers und der Sexualität erkannt und frei gelebt werden. Man will gar nichts anderes. Die Rede über die reale Möglichkeit, den Weg der Unschuld einzuschlagen und gehen zu können, möchte an Folgendes erinnern: Die tiefsten Sehnsüchte des Menschen sind genau richtig, es lohnt sich, ihnen nachzugehen.

In Bezug auf das „Einswerden" von Mann und Frau heißt „Ethos der Gabe", dass man sich auf dem Terrain des gegenseitigen Schenkens und nicht des gegenseitigen Nutzens bewegt. Die Gabe, das Geschenk, wird nicht vom anderen entrissen, was ja die Gabe zerstören würde, sondern entgegengenommen. Denn, wie auch schon erwähnt, ein Geschenk kann man nur frei empfangen, aber auch nur frei geben, sonst zerstört man das Geschenk. Die innere Freiheit des Geschenks des eigenen Ichs und dessen Aufnahme im anderen weist auf die Unschuld hin, aber im freien Entschluss macht sich der Mensch diese Unschuld gleichzeitig zu eigen. Das heißt, Unschuld passiert nicht einfach. Es ist das Resultat eines inneren und äußeren Tuns, einer Herzenshaltung, die man wirklich will und für die man sich entscheidet.

Interessant dabei erscheint die Tatsache, dass diese Herzenshaltung nicht einer Naivität im sexuellen Bereich entstammt. Um auf Genesis zurückzukommen: Die ursprüngliche Unschuld von Adam und Eva will nicht heißen, dass sie sexuell in geringem Maße erregbar gewesen wären oder keine Erfahrung des Eros und der Libido gemacht hätten. Ganz im Gegenteil. Sie entdecken vielmehr, dass der Eros durchtränkt ist von der Logik des Geschenks, oder, um einen christlichen Begriff zu nutzen, von der „Agape", von der sich schenken wollenden Liebe, vom Verlangen, das Geschenk des anderen zu empfangen und sich selbst frei geben zu können. Aber eben: zu *können*, nicht zu *müssen*. Wo ein *Muss* ins Einswerden eintritt, entstehen Grenzüberschreitung und Freiheitsverlust.

DER BAUM

Zurück zu Genesis. Der Mensch lebt im Garten. In diesem Garten befindet sich ein Baum. – Naja, viele, aber dieser Baum war etwas Besonderes. Von allen anderen Bäumen durfte er essen, aber von diesem einem heißt es, davon „darfst du nicht essen; denn sobald du davon isst, wirst du sterben" (Gen 2,16-17). Das Gebot scheint sich zunächst als Freiheitseinschränkung zu offenbaren. Aber bei näherem Hinschauen merkt man: Das Gegenteil ist der Fall. Ihm wird geboten. Interessant! Steinen kann man nicht gebieten! Tieren auch nicht! Unseren Stier auf der Ranch in Kanada hat man nicht vor den Richterstuhl gezogen, wenn er aus seinem Gehege ausbrach und zur falschen

Jahreszeit eine Kuh schwängerte und so bei minus 40 Grad Celsius Kälber geboren wurden. Geärgert hat man sich, wütend war man vielleicht sogar, aber vor Gericht kam der Stier trotzdem nicht. Wieso? – Weil man Stieren nicht auf Menschenart gebieten kann. Stiere folgen Instinkten und diese Instinkte kann man versuchen einzudämmen, aber zur Verantwortung wird der Stier nicht gezogen, wenn die Eindämmung nicht klappt. Beim Menschen ist das anders.

In ihrer nicht ganz unumstrittenen Videoinstallation „Confessions/Portraits, 2009“ ließ Gillian Wearing sexuell Missbrauchte durch eine Maske schauen. Die Augen waren real, alles andere nicht. Aber das reichte schon. Verletzte Unschuld. Grenzüberschreitung, die zum Himmel schreit. Kinderschänder kommen vor Gericht. Frauen-Vergewaltiger genauso. Wieso?

Natürlich hat auch der Mensch Instinkte! Und doch, irgendwie fühlt er die Verantwortung, diesen Instinkt mit einem in seinem Verstand erkannten Wertekatalog in Übereinstimmung bringen zu müssen. Er *muss* dem Instinkt nicht folgen. Er kann es tun, aber er ist nicht dessen Sklave. Weil dem so ist, gibt es Gerichtsverfahren und gibt es überhaupt erst Gesetzte.[31] Gerade weil der Mensch nicht muss, wird ihm geboten, gerade weil er frei ist, ist er verantwortlich. Freiheit bringt Verantwortung mit sich. Freiheit und Verantwortung sind zwei Seiten derselben Medaille.

Es gibt im Menschen kein *Muss,* sondern vielmehr ein inneres Bewusstsein darüber, dass das Ergebnis der Rechenschaft, die er zuallererst sich selbst gegenüber abzulegen hat, von der Antwort abhängt, die er auf seine innere Stimme (Gewissen, sein inneres „Wort“) gibt. Das ist die Bedeutung des deutschen Wortes „Verantwortung“. Das Präfix „ver“, hat im deutschen öfters den Sinn von „gänzlich“ (zum Beispiel verbieten, verlieben, verschenken, verausgaben, verbrechen, vergeben, verspielen...). Hier sehen wir ein „Wort“ (innere Stimme, Gewissen...) dem „geantwortet“ wird, aber nicht irgendwie, sondern eben „gänzlich“. Demnach ist „Ver-ant-wort-ung“ etwas, wobei der Handelnde selbst merkt, dass er gänzlich diesem Wort, das ihm gegeben ist und in ihm ist, zu antworten hat, dass in ihm etwas zerbricht, wenn er das nicht tut und dass er selbst der Verbrecher ist. Deswegen ist Verantwortung nicht im strengen Sinne übertragbar. Ich bin verantwortlich für mein Tun. Ich kann einen anderen nicht für mein Tun zur Rechenschaft ziehen. Interessant dabei ist dies: Das Bewusstsein der eigenen Verantwortung entstammt nicht äußerem Druck, sondern der eigenen Erkenntnis. Der Wert einer Sache wird erkannt, zugleich die dreifache Tatsache, dass man erstens diesen Wert auch will, zweitens, dass man sich selbst verurteilt, wenn man gegen diesen Wert handelt und, drittens, dass man sich selbst bejaht, wenn man den erkannten Wert lebt.

Zum Beispiel: Ein junger Mann sagt sich, dass seine Freundin Achtung und Respekt verdient und er will ihr auch diese Achtung und diesen Respekt entgegenbringen. Das ist der erkannte und gewollte Wert. Wenn er sie aber dann verletzt, dann zerbricht er etwas in sich selbst, weil er gegen das handelt, was er selbst für sich als Wert bejaht hat. Es stirbt etwas in ihm. Genesis drückt das so aus: „Wenn ihr von diesem Baum esst, dann werdet ihr sterben.“ Was stirbt? Zuallererst ein Teil der inneren Freiheit, die eigenen erkannten Werte zu leben und mit der Zeit sogar die Fähigkeit, diese zu erkennen. Wie ein Sprichwort sagt, „Wenn du nicht so lebst, wie du denkst, beginnst du zu denken, wie du lebst.“ Öfters mache ich die Erfahrung, dass jemand zu mir kommt und sagt: „Ich fühle mich aber nicht schlecht, wenn ich das tue.“ Worauf ich versuche, respektvoll zu fragen, „und warum erwähnst du es dann? Warum betonst du vor mir das so, als müsstest du mir gegenüber diese deine Tat verantworten? Wenn du davon wirklich überzeugt bist, musst du doch mir gegenüber kein schlechtes Gewissen haben, oder?" Schön ist es zu erleben, dass doch immer wieder Menschen allmählich für sich selbst dann feststellen dürfen, dass sie gar nicht mehr das leben, was sie zutiefst im eigenen Herzen leben wollen. Mehr noch, dass sie gar nicht mehr wirklich frei gewesen sind, diesen Wert zu leben oder sogar zu erkennen. Dass dies jemand erkennen kann, ist schön, weil es den Weg zur Rückgewinnung der inneren Freiheit bahnt.

Zusammengefasst: Verantwortungsbewusstsein entsteht nicht, weil jemand irgendein äußeres Gebot oder eine moralische Vorschrift der eigenen Innerlichkeit aufzupfropfen versucht, sondern weil man im eigenen Inneren den in Frage kommenden Wert erkannt und verinnerlicht, zu eigen gemacht hat, selbst sich für diesen Wert entschieden hat. Die Unschuld bezieht sich auf die Freiheit, diesen erkannten Wert leben zu können, ohne von äußerem oder innerem Druck davon abgehalten zu werden.

Aber nicht nur das, Freiheit und Verantwortung stehen proportional zueinander! Je größer die Freiheit, desto größer die Verantwortung. Das sieht man vor allem in der Liebe ganz deutlich: Je mehr man jemanden liebt, desto mehr fühlt man die Verantwortung für diesen Menschen. Ganz stark erscheint dieser Sachverhalt in der Möglichkeit eines gemeinsamen Kindes. Das Kind bedeutet Verantwortung. Sobald das Kind da ist, kann ich nicht einfach „Tschüss" sagen – kann man schon, aber verantwortlich ist es nicht, weil es ein Missbrauch der Freiheit ist. Liebe ist es schon gar nicht. Der Egoismus flieht vor der Verantwortung. Liebe sucht Verantwortung, weil die Liebe Interesse am anderen hat. Egoismus ergreift die Flucht vor der

Verantwortung, weil er sich nicht für den anderen interessiert, sondern nur für das, was der andere hergibt. Der Egoist ist bereit, seine Befriedigung auf Kosten des anderen zu verfolgen und deswegen will er keine oder nur geringe Verantwortung übernehmen.

Kann man sich eine Beziehung vorstellen, wo die Freiheit immer weniger Fehltritte begeht? Wo die Liebe zueinander so stark ist, dass diese Liebe fähig macht, die Freiheit in verantwortungsvolle Bahnen zu lenken und sie so auf ihre eigentliche Größe hin zu befreien? Die Urerfahrung des Menschen war mit einer unglaublich intensiven Freiheitserfahrung verbunden, gerade weil verantwortlich mit Freiheit umgegangen wurde, weil die Liebe stark war. Liebe hat Regeln, Regeln, die nicht von außen auferlegt werden, sondern die man zutiefst in sich selbst vorfinden und als zutiefst in sich eingeschrieben entdecken kann. Um das zu erkennen, braucht man keine Kirchenpolizei. Das eigene Herz beginnt anzuklagen, wenn man gegen es handelt. Man merkt, dass man nicht beliebig von jedem „Baum“ essen darf, wenn man die tiefen Sehnsüchte des Herzens verwirklichen will.

Das heißt, es gibt eine direkte Proportion zwischen Liebe, Freiheit und Verantwortung. Wenn eines wächst, können auch die anderen beiden wachsen, wenn eines geringer wird, so werden es auch die anderen werden.

Adam war im „Garten“. Durch sein Nein zu Gott im „Garten“ begann der Mensch seine Freiheit zu verlieren. Denn wenn Freiheit mit wachsender Liebe und Verantwortung wächst, dann geschieht auch im umgekehrten Fall das Gegenteil. Mit der Verantwortung zu brechen schwächt die Freiheit. Extremfälle wie Pornosucht zeigen das ganz dramatisch. Freiheit geht verloren, weil die Frau oder der Mann „konsumiert“ wird, genutzt wird, ja genutzt werden „muss." Der andere wird nicht mehr als freies Geschenk gesehen, dem man sich schenken kann und dessen freies Geschenk ungezwungen empfangen wird. Der andere wird hier zum Gebrauchsgegenstand und somit wird die freie Liebe zerstört. Im Hohelied heißt es: „Meine Schwester Braut ist ein verschlossener Garten" – die Frau teilte in Freiheit, Liebe und Verantwortung gemeinsam mit Adam den Garten, ihre Intimsphäre. Er durfte hinein und heraus „ohne Schlüssel" weil sie wirklich „eins" waren. Aber in diesem „Garten" durfte man nicht alles tun. Das Erzwingen, das Ergreifen der Frucht führte zu einem Bruch mit der Freiheit und der Liebe.

Hier geht es erstmals um diese Sehnsucht nach mehr, nach Beziehungen, wie sie „am Anfang" waren, und darum, was die allertiefste Sehnsucht des Menschen ist. Eine Beziehung, bei der man einfach das sein kann, was man ist, wo es immer weniger Belastungen durch gegenseitige Fehltritte in der Freiheit gibt, wo man gegenseitig ein „offener Garten" füreinander sein kann, wo Freiheit nicht Beliebigkeit bedeutet, sondern geordnete Liebe in Verantwortung, die der Freiheit ihre wahre Größe verleiht.

Es lohnt sich, den Weg zurück zur „Unschuld" einzuschlagen. Unschuld ist nicht Naivität, sondern eine Erfahrung des freien Menschen, der durch die Liebe zur authentischen Freiheit heranreift.[32]

Unschuld verleiht den drei Grundbegriffen von Einsamkeit, Gemeinschaft und Nacktheit ihren positiven Wert. Wo die „Unschuld" angestrebt wird, kann die Einsamkeit als „Einzigartigkeit" erfahren und gelebt werden, als Vollgebrauch der Freiheit, als persönliche Erfahrung, nicht Mittel zum Zweck, sondern Selbstzweck zu sein, um seiner selbst willen geliebt zu sein, einfach sein zu dürfen, was man ist. Unter dem Banner der

Unschuld führt „Gemeinschaft“ zu einem gemeinsamen „Wir“ mittels einer Logik des Gebens statt des Nehmens. Unter dem Einfluss der Unschuld machen die Nacktheit und die fehlenden Masken und Fassaden in der Beziehung den Weg frei. Sie machen ihn frei für die Entdeckung der Größe und des Werts des Geschenks des anderen, aber eben auch des Werts des eigenen Ichs und des eigenen Körpers.

06

Neigen

WIR

zur

Begierde

?

WAS BEDEUTET DAS ‚JA', WENN MAN NICHT NEIN SAGEN KANN?[33]

CHRISTOPHER WEST

Jetzt, sofort. Auf der Stelle. Kaum ist die neue Windowsversion heraus, schon habe ich den Eindruck, keine E-Mails mehr schreiben zu können, es sei denn, dass ich mir jetzt die neue Windowsversion besorge... Oder: Ja, genau dieses und kein anderes: das Schokocroissant lacht mich an, ich muss es haben, ja man fühlt sich fast gezwungen, es zu kaufen. Jemand erzählt mir von einem neuen vielversprechenden Haarshampoo, und auf einmal verspüre ich den Drang: Das brauchst du auch! Die Tatsache, dass man seine Haare schon seit Jahren mit einem anderen Shampoo erfolgreich gewaschen hat, spielt in dem Moment kaum eine Rolle. Vielleicht spüre ich bei keinem dieser Beispiele die Gewalt einer zügellosen Begierde. Aber das Drängen der Gier, das kennt jeder: Ich muss, ich kann fast nicht anders, hier, jetzt, das muss ich haben.

Wenn sie sich auf einen anderen Menschen ausrichtet, dann lässt diese Begierde erkennen, dass man die Neigung hat, diesen Menschen als ein „mögliches Objekt des Gebrauchs zu nutzen."[34] Ein Mitmensch wird als ein Objekt betrachtet, das dazu dienen könnte, ein emotionales oder sonstiges Bedürfnis zu befriedigen. Die Begierde bewirkt ein reduziertes Blickfeld, Freiheitsverlust und Selbstisolierung. In diesem Kapitel wird auf diese drei Aspekte eingegangen.

REDUZIERTES BLICKFELD

„Be**gier**de hat mit Gier zu tun, Beg**ehren** (als liebendes Verlangen verstanden) mit ehren." Bei der Begierde befindet man sich in der Logik des Nehmens, beim Begehren in einer Logik des Gebens. Ich wurde hellhörig, als ich das erste Mal durch einen Vortrag auf diesen in der deutschen Sprache erkenntlichen Unterschied „Begierde – Begehren – Gier – Ehren" aufmerksam wurde.[35] Bei aller Wertschätzung für diese Einsicht glaube ich aber trotzdem, dass man den Unterschied nicht auf das Begriffliche, sondern auf die Sache gründen sollte. Denn das Wort „begehren" wird im deutschen Sprachgebrauch nicht selten der „Begierde" gleich gestellt. Und wenn dem so ist, dann verschleiert dieser begriffliche Unterschied den sachlichen mehr, als er ihn unterstreicht. Wichtiger als die Begrifflichkeit ist die Sache, um die es geht. Begehren im Sinn von „ehren" hat mit Verlangen nach dem anderen zu tun. Die Begierde bezieht sich auf das Ergreifen, das An-sich-Reißen, das Nicht-respektieren-Wollen der Freiheit, das Kontrollieren-Wollen des Geschenks. Erich Fromm sagt man nach, dass er einmal behauptet habe: „Unreife Liebe heißt: Weil ich dich brauche, liebe ich dich. Reife Liebe heißt: Weil ich dich liebe, brauche ich dich." Das ist der Unterschied.

Das respektvolle Verlangen ist ein Bestandteil der Liebe, nicht so die Begierde. Die Liebe sucht den anderen in allem, was er oder sie ist. Die Liebe will nicht nur einen Aspekt des anderen – die Muskeln, die schlanke Figur, das Einfühlungsvermögen, die Zärtlichkeit –, sondern Liebe will den anderen ganz und gar. Die Liebe zielt auf den Menschen an sich ab. Die Begierde zielt auf einen Teil. Die Liebe dringt bis hin zum Herzen des anderen, die Begierde bleibt an der Oberfläche. Die Liebe verlangt nicht nur nach dem Körper des anderen, sondern nach dem anderen selbst, dem Menschen, sein oder ihr Gut und Wohl, das, was am besten für ihn oder für sie ist. Liebe will sich mitteilen, schenken und den anderen ganz und gar annehmen und aufnehmen. Sobald Liebe nur noch einen Teil des anderen will, verfällt sie in Egoismus und Begierde, weil sie dann nicht mehr den anderen sucht, sondern das, was der andere hergibt, eben den Teil, der begehrt wird: das Auto, den Körper, die Freundschaften, die schönen Zeiten, die von ihm geschenkte Geborgenheit, die von ihr geschenkten Beziehungen. Schon Seneca schien das im Auge zu haben als er sagte, „Eine Frau ist nicht dann schön, wenn ihr Knöchel oder ihr Arm Komplimente gewinnt, sondern dann, wenn ihr ganzes Aussehen von der Bewunderung für bestimmte Teile ihres Körpers ablenkt.“[36]

Das Problem mit dem auf das Objekt der Begierde reduzierten Blick besteht in der Entwürdigung des Menschen. Diese Entwürdigung verwirklicht sich nicht in der theoretischen, sondern in der praktischen Verleugnung eines der grundlegenden Menschenrechte: der Freiheit. Wenn jeder das Recht zur Selbstbestimmung hat, dann darf kein Adam, keine Eva zu einem Mittel für die eigenen Zwecke bestimmt und degradiert werden. Aber genau das passiert, wenn nicht mehr auf das Ganze abgezielt wird. Der Teil des anderen, nach dem die Begierde lechzt, bestimmt vordergründig das eigene Verlangen. Der andere selbst aber fällt ins Unbedeutende, Dunkle zurück, wird als notwendiges Mittel benutzt, um zum eigentlich Angestrebten zu gelangen. Nicht Selbstbestimmung sondern Fremdbestimmung tritt in den Vordergrund. Der Extremfall des Aufreißertypen:

> *Sie war Nummer 35. Das weiß Jan so genau, weil er darüber Buch führt, mit wie vielen Frauen er geschlafen hat. Die Frau als Zahl. Das war Sophia schon von Anfang an für Jan:*

„Ich habe ihr eine 8,5 gegeben. Das bedeutet: ‚vögelbar'".

(Sophia): „Ich wusste, dass er schon viele Frauen vor mir hatte. Aber ich dachte einfach, ich könnte die letzte sein. Die, die ihn zähmt. Die, der er bis an sein Lebensende treu bleibt."

(Jan): „Genau das habe ich ihr vorgegaukelt, weil es einfach bei jeder Frau funktioniert. Egal, wie abgeklärt und selbstbewusst Frauen tun, sie wollen doch alle nur das eine – eine feste Beziehung. Und irgendwann verlieben sie sich."[37]

Reduzieren des Blickfeldes. Weniger wird gesehen. In diesem Fall ist Jan Sophia eigentlich egal. Sie wird reduziert zu einer Trophäe, Verheißung sexueller Erlebnisse. Tiefer geht es nicht.

„Durch die bei Pick-up-Artists sehr beliebte „Push-and-Pull-Methode" ist Jan das auch bei Sophia gelungen. „Er sagte mir in einem Gespräch, dass ich die Mutter seiner Kinder sein könnte und teilte mir einen Tag später mit, dass ich nicht das sei, was er suche", beschreibt Sophia diese Methode des abwechselnden Anziehens und Abstoßens. Die Studentin machte für Jan mit ihrem Freund Schluss. Dann war Jan weg. Ziel erreicht. Game over."[38]

Es wurde zu Beginn dieses Buches behauptet, dass unter dem Einfluss der „Unschuld" die Einsamkeit, die Gemeinschaft und die Nacktheit positiv gepolt werden, sie aber durch die „Begierde" eine negative Ausrichtung bekommen. Unter dem Einfluss der Begierde wird die Nacktheit nicht die Grundlage zur tieferen Entdeckung des Geliebten, sondern eher zu dem, was den Menschen selbst zum Zerrbild, was tiefe Kenntnis unmöglich macht, weil man an der Oberfläche hängen bleibt. Scheinbar wird alles gesehen, und doch wird man immer blinder für das Eigentliche. Unter dem Banner der Begierde deutet Nacktheit nicht mehr auf die Radikalität des Geschenks hin, sondern auf die Radikalität der Verletzung, die Entkleidung steht nicht mehr für die Würde, das Schöne der Liebe, sondern für würdelose Entblößung. Nicht nur der andere, sondern der Begehrende selbst verkennt sich. Da er immer unfähiger wird, außerhalb der Begierde zu leben, glaubt er gar nicht mehr daran, dass er anders kann. Wo Unschuld zur Erkenntnis der Einzigartigkeit der „Einsamkeit" und Gemeinschaft geführt hatte, leitet die Begierde zur Entfremdung, zur echten Vereinsamung. Man baut Mauern, um sich zu schützen. Man verliert das Bewusstsein für die eigene Größe.

FREIHEITSVERLUST

Die Begierde reduziert aber nicht nur das Blickfeld, sondern bahnt den Weg zu einem immer dramatischeren Freiheitsverlust. Der Film „Flight" aus dem Jahr 2012 inspirierte sich am tragischen Alaska Airlines Flug 261 vom 31. Jänner 2000. Der Hauptdarsteller, Denzel Washington als Whip Whitaker, Alkoholiker und Pilot einer Unglücksmaschine, wird in einem gewissen Moment von seiner Freundin damit konfrontiert, Sklave des Alkohols geworden zu sein. Worauf er antwortet: „Was! Ich bin frei! Ich entscheide mich für den Alkohol! Deswegen habe ich mich sogar entschieden, fern von meiner Frau und meinem Sohn zu leben!" Fassungslos über die innere Verblendung von Whip – dass er sogar noch in demselben Augenblick, in dem es ganz offensichtlich wurde, wer sein Herr war, denkt, frei zu sein – fasst sie die Entscheidung, ihn zu verlassen. Die Tragik: Die Verblendung wächst mit der Gier. Man meint, freier zu werden, wird aber eigentlich immer unfreier. Im Lied „Broken Crown" von der Band Mumford & Sons wird die Gefahr des Freiheitsverlustes so ausgedrückt:

> *„Der Zug an meinem Fleisch war einfach zu stark, er erstickte meine Entscheidung und die Luft in meinen Lungen. Besser nicht zu atmen als eine Lüge zu inhalieren..."*[39]

Genau das verursacht die Begierde: den allmählichen, aber Gott sei Dank nie völligen Verlust der Gelegenheit zu einer freien Entscheidung und zusätzlich den allmählichen, aber auch hier Gott sei Dank nie völligen Verlust der Fähigkeit, überhaupt zu erkennen, dass dabei die Freiheit verloren geht. Oder anders: erstens, der Verlust der Fähigkeit, sich frei zu entscheiden, aufgrund der Gier und zweitens, die Gefahr des daraus resultierenden Selbstbetruges.

Im vorherigen Kapitel kam die „Unschuld" zur Sprache: ein Zustand, in dem das „Ja" noch etwas beinhaltet, in dem das „Ja" wirklich das Resultat einer freien Entscheidung ist und somit ein authentisches Geschenk seiner selbst ermöglicht. Und das heißt konkret, dass beim Miteinander-Schlafen die Verantwortung für den anderen voll übernommen und sogar gewollt und begehrt ist, weil der andere in seiner Ganzheit geliebt und angenommen wird. Die Unschuld weist auf eine Herzenshaltung hin, in der Freiheit von der Versklavung des Triebes herrscht. Wo im Gegenteil der Apfel – wie in Genesis – an sich gerissen oder jemandem aufgenötigt wird, entsteht Sklaverei und

Machtausübung. Nicht dass ich mich in der Szene auskenne, aber vor kurzem machte mich jemand auf das doch sehr krasse Beispiel der Sängerin Rihanna aufmerksam:

I want you to be my sex slave
Anything that I desire…
She may be the queen of hearts
But I'm gonna be the queen of your body parts
Suck my cockiness, Lick my persuasion, Eat my poison,
And swallow your pride down, down…
I can be your dominatrix
Just submit to my every order

RIHANNA, COCKINESS (LOVE IT), 2011

Hier geht es nicht um Freiheit, sondern genau ums Gegenteil, um sexuelle Imperative.[40] Aber im Bereich der Sexualität ist Freiheit ein großes Wort. Kann man nicht schlafen, mit wem man will? Ja, sicher! Aber die eigentliche Frage bleibt: Befreit sexuelle Beliebigkeit wirklich? Kann man nicht mit seinem Körper machen, was man will? Ja, natürlich! Aber, ob das frei macht, hängt davon ab, was man zu tun wählt, hängt von der Bestimmung ab, die man seiner Freiheit verleiht. Nicht jede freie Entscheidung ist freiheitsfördernd. Süchte zeigen das ganz deutlich. Durch viele Entscheidungen schränkt man immer mehr die eigene Freiheit ein. Oder ganz extrem: Von einer Brücke stürzen kann man sich. Man kann. Denn man ist frei. Aber im selben Augenblick wird die eigene Freiheit durch eine Freiheitsentscheidung aufgehoben… weil man tot sein wird, und dann ist es aus mit der Freiheit. Begierde bringt nicht gleich den Tod. Aber Sterben tut schon etwas: Die Liebe stumpft ab. Begierde trocknet die Liebe immer aus, weil die Bedingung für die Liebe, ihr Humus: die Freiheit, verlorengeht. Liebe muss hier abstumpfen, kann nicht anders, denn ihr Wesenszug besteht im bewussten, ohne Zwang gegebenen „Ja“. Und dieses freie „Ja“ wird von der Begierde außer Kraft gesetzt. Bei der Begierde geht es um Kontrolle, Machtausübung, Besitzergreifung. Ein von Gier getriebener Adam wird nicht zulassen wollen, dass seine Eva über sich selber bestimmt, ihre Freiheit in Bezug auf die von Adam begehrte Sache ausübt. Deswegen muss der von der Begierde getriebene Adam Macht über die Liebe selbst gewinnen. Denn die Liebe scheint für ihn nicht vertrauenswürdig genug zu sein, sie ist zu unsicher, birgt zu viel Risiko, da es bedeuten würde, Eva müsste ihre Freiheit bewahren, und das würde ja heißen, sie, die Begehrte, könnte etwas tun oder verlangen oder wünschen, was er als Begehrender nicht will.[41] Für die Begierde darf der andere nicht einfach in seiner Einzigartigkeit sein, er muss vielmehr das sein, was die Bedürfnisse des Begehrenden befriedigt. Der Wert einer begehrten Eva besteht für den begehrenden Adam gerade in ihrer Fähigkeit, seine Begierde zu befriedigen.

Das alles will sagen, Begierde führt zu einem dreifachen Freiheitsverlust. Erstens in dem Begehrenden selbst. Er selbst gibt die eigene Freiheit auf. Das „Muss“ gewinnt in ihm die Überhand über das „Ich will“: Ich *muss* das Schokocroissant essen, ich *muss* der Begierde nachgeben, ich *muss* den Apfel essen. Die Freiheit des anderen, aber auch die eigene Freiheit wird eingeengt. Dieser Freiheitsverlust macht den Begehrenden immer unfähiger zur Liebe. – Wie schon zu Beginn dieses Kapitels erwähnt wurde: „Was bedeutet das Ja, wenn man nicht Nein sagen kann?“. Freiheit besteht eben nicht nur in der Freiheit von etwas, zum Beispiel von Hindernissen, die die Freiheit einschränken, sondern vor allem in der Freiheit für etwas oder jemanden, für das oder für den man sich entscheidet, für das oder für den man sich entscheiden will, nicht weil es keine anderen

Optionen gäbe, sondern weil man nicht anders möchte. Zweitens führt die Begierde zu einem Freiheitsverlust im Gegenüber, das Objekt der Begierde ist. Seine Freiheit wird als Konkurrent der eigenen Freiheit gesehen, Macht muss über ihn oder sie ausgeübt werden. Drittens führt die Begierde zu einer weiteren, tiefer führenden Freiheitseinschränkung und diese besteht darin, dass man sich der eigenen Situation unbewusst ist, nicht wahrhaben kann, dass man ein Sklave des begehrten Gegenstandes geworden ist.

SELBSTISOLIERUNG

In „Flight" wird Whip Whitaker von allen verlassen. Warum? Weil er sich immer mehr seiner Begierde hingibt. Er konnte nur noch das eine sehen. Alles drehte sich darum. Sein eingeengter Blick hatte keine Augen mehr für seine Frau, auch nicht für seine neue Freundin. Fokussiert war er schon: auf seine Flasche. Er wurde immer mehr in die Isolation getrieben. Die Tragik: Er selbst war der Antreiber. Der Weg zurück zur Gemeinschaft würde schwer sein. Aber er hat ihn an dem Tag eingeschlagen, an dem er sich selbst gegenüber ehrlich war, als er die mit der Begierde verbundene Lüge entlarvte und sie beim Namen nannte.

Bei der „Gemeinschaft" steigern sich die Partner gegenseitig in der Liebe, sie beflügeln sich. Bei der Begierde tritt eine Gegendynamik ein. Immer tiefere Verletzungen treten auf, immer mehr grenzt man sich vom anderen ab, der äußerliche körperliche Kontakt wird immer mehr zur Quelle der inneren Entfremdung. Die Entfremdung geschieht aber nicht nur in Bezug auf die anderen Menschen, sondern eben auch in Bezug auf sich selbst.

Nicht von heute auf morgen, aber doch. C. S. Lewis versuchte in seinem satirischen Werk „Dienstanweisung an einen Unterteufel“ diese Dynamik der Selbstentfremdung zu beschreiben. Screwtape, ein in Sachen Menschen-Verführen erfahrener alter Teufel, übersendet mittels eines Briefes seinem noch viele Fehler begehenden Neffen, Wormwood, diesen Ratschlag:

> *„Eine immer stärkere Begierde nach einem immer kleiner werdenden Vergnügen, heißt die Formel. [...] Die Seele des Menschen zu gewinnen und ihm nichts dafür zu geben – das ist es, was dem Herzen... Freude macht.“* [42]

Suchtverdächtige Begierde lässt das ganz klar erkennen... Immer stärker wird die Sucht, immer weniger dafür gegeben. Immer mehr wird für immer weniger aufgegeben. Whip Whitaker verkörpert in „Flight“ die ganze Tragödie: Frau, Kind, Haus, Besitz, Ruf, Job, Freunde... alles verliert er, um das eine zu besitzen. Dabei wird er aber sogar seiner selbst entfremdet, weil er immer mehr das wird, was er begehrt. Es erfüllt immer mehr seinen ganzen Lebenshorizont, er wird von einem Nichts versklavt, sein Leben besitzt immer weniger Inhalt.

NUR NOCH ÄPFEL

In der Bildersprache von Genesis wird Begierde wie folgt erklärt:

> *„Darauf sagte die Schlange: Nein, ihr werdet nicht sterben [...], vielmehr... werdet (ihr) wie Gott.... Da sah die Frau, dass es köstlich wäre, von dem Baum zu essen, dass der Baum eine Augenweide war und dazu verlockte, klug zu werden. Sie nahm von seinen*

Früchten und aß; sie gab auch ihrem Mann, der bei ihr war, und auch er aß. Da gingen beiden die Augen auf, und sie erkannten, dass sie nackt waren. Sie hefteten Feigenblätter zusammen und machten sich einen Schurz-" (Gen 3,4-7)

Garten. Äpfel. Schlangen. Intimsphäre zwischen Mann und Frau. Deutlich genug, um zu verstehen, um was es geht. Zuvor wurde das Lied „Cockiness" der Sängerin Rihanna erwähnt. In ihrem „Birthday Cake" nutzt sie nicht das Wort „Frucht" oder „Apfel" sondern, eben, „Geburtstagskuchen", aber die Idee ist eigentlich sehr ähnlich: Man will nicht warten, um sich beschenken zu lassen und obwohl noch nicht Geburtstag ist, will man den Kuchen jetzt essen, egal wie es dem anderen dabei ergeht. Mehr noch, er möchte es ihr sogar „auf die schlimmste Weise geben, auf die schlimmste Weise", denn er „kann nicht warten", denn er „will den Kuchen, Kuchen, Kuchen." [43]

Die Begierde besteht darin, danach zu verlangen, die Frucht zu sich zu nehmen, zu essen, zu konsumieren, an sich zu reißen, unabhängig davon, ob sie geschenkt wird oder nicht. Die Initiative des „Ergreifens" liegt bei demjenigen, der ergreift (ob erlaubt oder nicht, ist ihm vielleicht nicht egal, aber auf jeden Fall nicht genügend relevant). Er entscheidet, was jetzt gut oder nicht gut ist, das darf ihm niemand sagen, auch Gott nicht. Die Versuchung besteht zuerst in der „Augenweide", aber das reicht nicht. Man muss in den „Apfel" hineinbeißen oder eben den Cake abschlecken. Ob es ihr passt, ob es ihr „Geburtstag" ist oder auch nicht, spielt im Moment keine Rolle. Man will den Kuchen jetzt, nicht erst morgen. Man kann nicht warten. Nicht einmal die eigenen „Geburtstagskerzen" darf sie ausblasen. Krass. Aber es geht eben nicht um sie, sondern um ihren Körper, den „Apfel" von Genesis eben.

Die von der Begierde erregten Adam und Eva vergessen den größeren Kontext, vergessen das Ganze, sehen nur noch den Apfel und werden dadurch blind. Genesis sagt zwar, dass ihnen dabei die „Augen aufgehen" – aber sie gehen auf, um in ihrer Nacktheit ein Problem zu entdecken. Wohingegen Nacktheit vorher Quelle der Freude und des gegenseitigen Erkennens war, müssen sie sich jetzt beide voreinander und vor Gott verstecken, sie heften Feigenblätter zusammen und bauen Mauern auf. Sie werden blind für die wahre Bedeutung der Nacktheit ihres Körpers, dessen sie sich jetzt zu schämen beginnen.

EKSTASE UND LEIDENSCHAFT

Hier am Ende dieses Kapitels über die Begierde, würde es vielleicht gut tun, noch mal an den sachlichen Unterschied zwischen Begierde und Verlangen (das mit ehren zu tun hat) zu erinnern.

Vor dem Augenblick des Erwachens der Begierde war die Nacktheit von Adam und Eva für beide kein Problem, sondern eher die Atmosphäre ihrer gegenseitigen Hingabe. Sie konnten „nackt" sein, ohne Masken oder Vorbehalte ihre Beziehung leben. Sie konnten leidenschaftlich sein, ohne dass diese Leidenschaft in Begierde degenerierte. Im Gegenteil, die Leidenschaft wurde zum Stoff, aus dem die Liebe gebildet wurde.[44] Denn die Ausrichtung der Leidenschaft ist nicht gleichzusetzen mit einer Konsumorientierung. Leidenschaft „hat nicht den Genuss um seiner selbst willen als ihr Ziel. Es ist einfach eine natürliche Ausrichtung."[45] Die Frage ist nur, wie mit dieser Ausrichtung umgegangen wird, wie man sie gestaltet, welchen Inhalt man ihr gibt. Die Ausrichtung kann für den Egoismus, aber auch für die Liebe verwendet werden.

Am „Anfang“ gab es keinen Widerspruch zwischen dem Eros (leidenschaftliche, verlangende Liebe) und Agape (sich schenkende Liebe). Denn der Eros wurde in die Agape integriert. Wie es mal gesagt wurde, „Ja, Liebe ist ‚Ekstase‘, aber Ekstase nicht im Sinn des rauschhaften Augenblicks, sondern Ekstase als ständiger Weg aus dem in sich verschlossenen Ich zur Freigabe des Ich, zur Hingabe und so gerade zur Selbstfindung.“[46] Liebe ist kein masochistisches Tun, keine Selbstkasteiung, Selbstaufgabe. Liebe ist leidenschaftlich, aber Leidenschaft für den anderen. Liebe kann Ekstase werden (das, wodurch der Liebende aus sich selbst heraustritt, „um eine vollere Existenz in einem anderen zu finden.[47]), aber im Moment, in dem die „Ekstase“ um ihrer selbst willen gesucht wird und nicht mehr der andere im Vordergrund der Leidenschaft steht, sterben die Liebe und die Ekstase. Der um seiner selbst willen gesuchte „rauschhafte Augenblick“ verfällt im Nichts.

> *„Wenn Eros zunächst vor allem verlangend, aufsteigend ist — Faszination durch die große Verheißung des Glücks —, so wird er im Zugehen auf den anderen immer weniger nach sich selber fragen, immer mehr das Glück des anderen wollen, immer mehr sich um ihn sorgen, sich schenken, für ihn da sein wollen. Das Moment der Agape tritt in ihn ein, andernfalls verfällt er und verliert auch sein eigenes Wesen. […] In Gott sind Eros und Agape eins, sein Eros für den Menschen ist Agape. Sein leidenschaftliches*

Verlangen ist es, sich den Menschen zu geben, „Der Eros Gottes für den Menschen ist [...] zugleich ganz und gar Agape."

BENEDIKT XVI., DEUS CARITAS EST, 7 UND 10.

Das leidenschaftliche Verlangen, „Eros", findet seinen Sinn und Zweck, wenn es auf Ganzheitlichkeit, auf den ganzen Menschen ausgerichtet ist. Der gereinigte und erhobene Eros ist durchtränkt von Agape und findet so seinen eigentlichen Sinn. Ein von Agape durchdrungener Eros findet sich erweitert und beflügelt und bestärkt wieder. Die Begierde lässt den Eros abstumpfen, macht ihn schwächer, braucht immer mehr und mehr Reize, um ihn zu wecken. Verlangen hingegen, welches sich mit Agape verbündet und eins mit ihr wird, stärkt den Eros und die damit verbundene Erfahrung von sexuellen Werten.

Die Feigenblätter von Genesis sind Zeichen der Begierde: Die Frau, der Mann müssen sich jeweils vor dem anderen verstecken. Adam wird eine Gefahr für Eva, Eva für Adam, sie schützen sich voreinander, vor dem Begehrenden, der möglicherweise den Rausch des Augenblicks suchen wird, aber den anderen dabei immer mehr vergisst. Angst breitet sich aus, weil das leidenschaftliche Verlangen, vorher ein Zeichen des Ehrens und der Intensität der Liebe jetzt doch Gefahr läuft, nur eine Hülle für zügellose Gier zu sein. Und doch bleibt die Sehnsucht des Anfangs, nach einer Nacktheit „ohne Scham", nach einem Begehren, das sich immer mehr in ein Verlangen nach Hingabe verwandeln lässt; Verlangen, das immer mehr Ekstase wird, solange nicht die Ekstase, sondern der andere im Zentrum bleibt.

Beim „Nacktsein" geht es schon ums „Ohne-Kleidung-Sein" – aber es geht auch um viel mehr. „Nacktheit" wird in dem soeben zitierten Text aus Genesis in zweierlei Kontexten und Gegebenheiten dargestellt. Die erste Gegebenheit ist die des Ein-Fleisch-Werdens von Mann und Frau. Die zweite Gegebenheit ist die Präsenz der „Schlange" (die für die Versuchung der Begierde steht) und des „Baumes" (der für die Wahlfreiheit steht, sich zu schenken und beschenken zu lassen oder doch den Apfel an sich zu reißen). Das „Nacktsein" bezieht sich auf eine Gemeinschaft des gegenseitigen Sich-Schenkens auf der einen Seite und auf der anderen Seite auf die Versuchung, der diese Gemeinschaft ausgesetzt ist, die Versuchung, sich nicht beschenken zu lassen, sondern die Frucht des Baumes an sich zu reißen. Die Logik des Nehmens, des Ergreifens zerstört die Liebe und sich selbst: „Wer sich festhält und das Leben an sich reißen will, der lebt am Leben vorbei".[48]

07

DIE Erlösung DES Herzens

„WIR KÖNNEN DAS HERZ NICHT KONTINUIERLICH UNTER VERDACHT STELLEN ...DIE ERLÖSUNG IST EINE WAHRHEIT, EINE WIRKLICHKEIT, VON DER SICH DER MENSCH ANGESPROCHEN UND BERUFEN FÜHLEN MUSS, UND ZWAR AUF WIRKSAME WEISE.“[49]

JOHANNES PAUL II.

Weltfremd. Ideologieverdächtig. Fehlende Bodenhaftung. Wenigstens schien es mir so, als ich vor kurzem meine Meinung zu einem Blogartikel abgeben sollte. Eine Moralpredigt mit erhobenem Zeigefinger. Oh Gott! dachte ich mir, genau das brauchen wir heute nicht. Regel um der Regel willen. Freiheitseinschränkung. Selbstverwerfung. Genau dagegen reagieren Leute wie der provokatorische Filmemacher Ulrich Seidl. Zu Recht. Der Mensch wird in eine Regel hineingepresst und mit Gewalt darin festgehalten. Als wäre die Spezies Mensch wie ein Hund, der ständig an der Leine gehen muss. Als wäre seine Freiheit ein Unfall der Natur, etwas, was wie von einem Gefängniswächter kontrolliert gehört. Ich musste an das schon zitierte „Menschliche Reife ist Vollgebrauch des Geschenks der Freiheit“ von Johannes Paul II. denken. Wo eine Regel um der Regel willen befolgt wird, da gibt es keine Freiheit und deswegen auch keine Reife.

Es gehört zur Würde des Menschen, zu begreifen, warum er etwas macht. Er muss es selbst wollen. Alles andere heißt Versklavung. Erziehung der Freiheit läuft immer über die Entwicklung der Fähigkeit ab, jene Werte zu entdecken, die hinter den zu treffenden Entscheidungen stehen. Zum Beispiel: Adam entscheidet sich, heute Abend zum Chinesen statt zum Wienerwald zu gehen, obwohl er viel lieber zum Wienerwald gehen würde. Jetzt scheint dies für ihn ein Verlust.[50] Wenn er es aber deswegen tut, weil er dadurch Eva, die wahnsinnig auf Chinesisch steht, eine Freude machen kann, dann ist seine Entscheidung nicht vordergründig gegen Wienerwald, sondern es ist vielmehr eine Entscheidung für Eva, die Liebe zu ihr, den Wert, der darin besteht, dass sie eine Freude hat. Er begreift, dass es sich lohnt, diesen Verlust des Schnitzels auf sich zu nehmen, sodass seine Eva Frühlingsrollen und gebratene Ente genießen kann. Das ist der Unterschied zwischen einer Ethik, die rein auf der äußeren Erfüllung der Gesetze beruht – Gesetze werden erfüllt, weil man Gesetze erfüllen muss – und einem Ethos, wodurch den Menschen keine Regeln äußerlich übergestülpt werden, sondern dieser Mensch sich selbst entscheidet, gewisse Werte zu leben – Werte, die er selbst erkannt und für die er sich entschieden hat. Das heißt Freiheit. Freiheit verlangt nach einer Motivation, die ihren Entscheidungen Tragfähigkeit verleiht.[51]

Jetzt steht es aber um uns so, dass in einer Welt, die im System des erhobenen Zeigefingers lebt, die Freiheit immer mehr verlorengeht. Es wird den Menschen immer weniger zugetraut. Naja, schon gut, im Bereich der Technik ist das ganz anders. Ich werde von den Fähigkeiten meines Telefons laufend in Staunen versetzt. Aber das liegt daran, dass wir als Menschen auf den Kenntnissen früherer Generationen aufbauen können. Nur, mit der Kenntnis von Werten ist das anders. Die muss jede Generation und letztlich jeder Mensch, sich selbst neu aneignen und verinnerlichen.[52] Und gerade in diesem Bereich des Menschlichen scheint man immer weniger an den Menschen zu glauben. Entweder weil ihm die Freiheit abgesprochen wird: Zeigefinger. Oder weil ihm die praktische Fähigkeit abgesprochen wird, überhaupt gewisse Werte, die über reine Bedürfnisbefriedigung hinausgehen, erkennen zu können: Hugh Hefner. Und in diesem Umfeld werden dann Leute wie ein C. S. Lewis als Provokateure oder Träumer hingestellt, wenn sie sagen: „Jede Krankheit, die sich der Heilung unterwirft, soll geheilt werden. Aber wir wollen Blau nicht Gelb nennen, um denen zu gefallen, die durchaus Gelbsucht haben wollen, noch wollen wir denen zuliebe, die Rosenduft nicht vertragen können, aus dem Garten der Welt einen Misthaufen machen.“[53]

Das In-Frage-Stellen der Lebbarkeit von erlöster Sexualität ist ein In-Frage-Stellen der Macht der Erlösung selbst, nach dem Motto: Gott hat uns erlöst, nur hat er dabei den Sex vergessen.[54] Aber was soll das dann heißen, Erlösung des Herzens? Brauchen wir überhaupt eine Erlösung? Keine einfache Frage. Nicht einfach, weil das ganze Thema der Sexualität ja jeden Menschen so tief berührt. Es wird als so intim und mit dem eigenen „Ich“ verwoben empfunden, dass jegliches Herantasten an das Thema von außen sehr persönlich genommen werden und sehr schnell verletzend sein kann. Weil der eigene Erfahrungsschatz in diesem Bereich solch tiefe Spuren im Herzen hinterlässt, kann ein unüberlegter Kommentar zum Thema sich auswirken wie ein Elefant im Porzellanladen. Aber das soll ja genau der springende Punkt dieses Kapitels sein: Der Glaube an die Richtigkeit des eigenen Herzgefühls. Wie das Zitat zu Beginn dieses Kapitels in Erinnerung rufen will: Die tiefen Sehnsüchte des Herzens, die sind genau richtig! Trotz aller Verwundungen und Verletzungen und äußeren oder inneren Schwierigkeiten lohnt es sich, dem Herz zu folgen. Vielleicht wurde viel zerbrochen, vielleicht ist nicht immer alles so gelaufen, wie man es wollte, vielleicht hat man ein wenig das Vertrauen in andere oder in sich selbst verloren. Aber heißt das wirklich, dass man sich jetzt damit zufriedengeben muss?

Es geht um das Vertrauen auf den Menschen. Das Vertrauen, dass es nicht die Schwäche ist, die den Menschen ausmacht, sondern dass der Mensch ein „Recht auf die eigene Größe hat".[55] Das Vertrauen auf das eigene Herz, das Vertrauen, dass ganz tief im Menschen nicht nur das Chaos und der Hang zum Verdrehten und auch nicht nur der Hang zum halb Guten sitzen. Vielmehr will die „Erlösung des Herzens" aussagen: Die Sehnsucht nach der Liebe und nach Liebe und Leben in Fülle ist kein von vornherein zum Scheitern verurteiltes Unternehmen, sondern: Die tiefsten Sehnsüchte des Herzens stimmen, sie sind nicht zum Scheitern verurteilt, sie können erfüllt werden.

Die Erlösung des Herzens ist eine Reise ins Innere. Ja, das Herz kann verwundet sein. Ja, der Hang dazu, die Liebe in Egoismus zu verwandeln, ist allgegenwärtig und immer wieder eine Versuchung, die den Menschen zutiefst betrifft. Aber die Wunden sind nicht alles, sondern deuten vielmehr darauf hin, dass dieser Zustand kein Normalzustand ist. „Erlösung" ist Erlösung von etwas. Erlösung bedeutet nicht nur die tiefen Wunden des Herzens zu entdecken, und auch nicht nur diese Wunden zu heilen. Es geht um den Glauben an die Macht der Liebe, darum, dass man allen Mut machen will, allen, die dem Menschen nicht mehr die Möglichkeit der inneren Freiheit und die „Freiheit des Geschenks" zutrauen, die sich nicht mehr vorstellen können, dass es dem Menschen möglich ist, sich frei zu schenken, ohne dazu von innen oder von außen gezwungen zu werden – nicht von den Erwartungshaltungen des anderen, nicht von den eigenen Hormonen, nicht von der Sucht nach Bestätigung oder von sonst etwas oder jemand.

„Erlösung des Herzens" will heißen, dass der Mensch mittels der Hilfe von oben die Fähigkeit hat, Herr über sich selbst zu werden. Das aber nicht nur in dem Sinn, dass er sich selbst und seine Triebe oder Hormone im Griff hat. Die Erlösung des Herzens geht weiter, denn sie bringt den Menschen dorthin, dass er nicht nur durch seinen Willen die Begierde zähmt und lenkt, sondern dass die Begierde selbst verwandelt und umgeformt wird. Das „erlöste Herz“ will und wünscht gar nichts anderes, als gemäß den Erfordernissen der Liebe zu handeln und zu sein, weil es von dieser Liebe durchdrungen ist. Das zerstört keineswegs die Wucht und die Kraft sexuellen Verlangens, im Gegenteil. Sexuelles Verlangen wird dort gesteigert, wo es von Liebe inspiriert und beflügelt, frei von Begierde [56]ist – dort hingegen, und das ist höchst bemerkenswert,wo sexuelles Verlangen von der Begierde geleitet wird, neigt es dazu, abzustumpfen.

BREMSEN

Auf diesem Weg der Erlösung des Herzens sind vor allem zwei Schritte vonnöten. Der erste Schritt ist die Disziplin. Sie erscheint im ersten Augenblick als etwas Negatives, aber das ist sie nicht. Wenn jemand merkt, dass er gerade auf der Autobahn mit 260 km/h in die falsche Richtung fährt, muss er erst mal kräftig auf die Bremse treten, bevor er wieder in die andere Richtung fahren kann. Ich kann nicht einfach mit dem Finger schnippen und sofort die Richtung wechseln. Das wäre zwar sehr wünschenswert, aber das geht leider nicht. Ich komme um das Auf-die-Bremse–Treten und Die-anderen-Autos-Vermeiden nicht herum. Das sollte einen nicht frustrieren, auch nicht entmutigen, es ist einfach der notwendige Schritt, um in die andere Richtung fahren zu können. Mit der Erlösung des Herzens in Bezug auf die sexuellen Neigungen ist es ähnlich. Wenn man merkt, dass diese noch von der Begierde bestimmt sind, dann muss man zuerst „auf die Bremse treten", bevor man sich eines von der Liebe beflügelten Verlangens erfreuen kann.

Wie tritt man auf die Bremse? Man bemüht sich um einen geregelten Lebensrhythmus, durch den man Extreme vermeidet, die einen sehr ermüden und anfällig für das Verstellen der wahren Liebe machen. Man räumt seiner Wochenplanung genügend Raum für körperliche Betätigung und mentale Entspannung ein (Freiheit hat ja mit dem Erkennen von Werten zu tun, für die man sich dann entscheidet; deswegen fällt einem müden Verstand und einem geschwächten Willen eine reife Entscheidung schwerer, als wenn er bei vollen Kräften wäre). Man vermeidet Mutlosigkeit wie die Pest, steht von einem Rückschlag sofort wieder auf und geht weiter, setzt sich neue Ziele. Man trachtet danach, den Willen zu stärken. Der Wille ist wie ein Muskel, den man trainieren muss. Wer nicht fähig ist, jemand anderem eine Wohltat zu erweisen, obwohl er sich selbst schlecht fühlt, jemandem ein Lächeln zu schenken, obwohl er selber nicht gut drauf ist, einmal mehr Frühlingsrollen und weniger Schnitzel zu essen... der wird es sehr schwer haben, wenn es darum geht, seine sexuellen Tendenzen in Übereinstimmung mit den Erfordernissen der Liebe zu bringen. Und da das Problem der Begierde öfters auf den Egoismus zurückzuführen ist, auf eine übergroße Selbstzentriertheit, kann es sehr helfen, sich eher fremdzentriert auszurichten; zum Beispiel, sich bei einem karitativen Hilfswerk zu engagieren, jemandem Zeit zu schenken, Bedürftigen zu helfen usw. Auf die Bremse treten kann zuweilen echt herausfordern. Hilfe von außen kann da manchmal unterstützend wirken – zum Beispiel ein Gesprächspartner, mit dem man sich über Bremssysteme austauschen kann, in manchen Fällen wird sogar eine Therapie vonnöten sein. Der an Gott Glaubende wird zusätzliche Hilfe im Gebet finden.

GAS GEBEN

Der Kampf gegen die Begierde ist genau das: ein Kampf, der mit viel Ringen verbunden ist. Je mehr man sich aber diesem Kampf widmet, desto mehr wird man mit der Zeit merken, dass ein gewisser Friede bei diesem Ringen einkehrt. Man verspürt immer mehr eine innere Freiheit. Denn die „Erlösung des Herzens" ist mehr als die bloße „Bremse." Ein Mensch, der sich selbst erfolgreich im Griff behalten kann, ist selbstbeherrscht, aber noch lange nicht tugendhaft. Selbstbeherrschung ist noch nicht Tugend, denn Tugend setzt das richtige innere Wünschen und Streben voraus – und das fehlt in der bloßen Selbstbeherrschung.[57] Die Tugend ist der zweite Schritt auf dem Weg der Erlösung des Herzens. Die Tugend verwandelt das Tun und das Wollen des Menschen aus einer inneren Überzeugung und Kraft heraus. Die Tugend wird nicht von außen auferlegt, sondern ist eine innere Richtschnur des Herzens, eine Haltung, die zum Erstrebten neigt. Die Tugend wächst aber nicht, indem man darüber Bücher liest, sondern indem man sie übt. Tugend ist somit Resultat der freien Entscheidung für einen empfundenen, echten Wert und somit Zeichen für die innere Freiheit eines Menschen. Liebe wächst, indem man liebt. Und die Bücher? Diese können helfen, motivieren, unterstützen, aber die eigentliche Liebe wächst nur durch das Handeln in der Liebe.

Nun gut. Aber wie soll das gehen? Der Versuch, im anderen den ganzen Menschen zu sehen, dessen Bedürfnisse, Wünsche, Sehnsüchte. In der Beziehung vordergründig danach trachten, nicht sich selbst, sondern den anderen glücklich zu machen. Beim intimen Umgang die unterschiedlichen Erregungskurven respektieren, auf die Empfindlichkeiten, Ängste, Sehnsüchte des anderen eingehen. Niemals den anderen als Mittel für die eigene Befriedigung nutzen, sich einüben in den „inneren Blick“ (nächstes Kapitel) – der mehr sieht als nur den Körper, der vielmehr den Menschen in seiner Ganzheit und in seiner Würde betrachtet.

Für den Menschen, dessen Herz erlöst ist, wird es fast unmöglich, jemand anderen „mit Begierde“ anzuschauen, es kommt ihm gar nicht in den Sinn. Natürlich kann Tugend wieder verloren gehen, deswegen ist auch hier eine gewisse Bescheidenheit angebracht. Überheblichkeit, denken, man wäre irgendwie besser als jemand anderes, kann schnell zu unangenehmen Begegnungen mit der eigenen Schwäche führen.

All das ist möglich und keine Utopie, wie es so viele Menschen vorleben und beweisen. Das heißt, die Sehnsucht nach dem „Anfang“, von dem zu Beginn dieses Buches die Rede war, will Verheißung sein. Ja, Erlösung geht: echte, tiefe, „nackte“ Liebe „ohne Scham“, ohne Vorbehalte, ohne Selbstsucht. So eine Liebe sieht und bewirkt eine immer stärkere Integration zwischen dem Herzen und dem Verstand, dem Willen und den Emotionen, zwischen dem Geist und dem Körper. Die „Erlösung des Herzens“ macht die Freiheit der Selbsthingabe erst wirklich möglich und verleiht dem Ein-Fleisch-Werden seinen tiefen persönlichen Wert.

> *„Die Vollkommenheit des moralisch Guten besteht darin, dass man zum Guten hin nicht nur durch den Willen, sondern auch durch das „Herz“ und sogar gefühlsmäßig hingezogen ist. ... unsere Leidenschaften werden von den Tugenden weder unterdrückt noch tyrannisiert. Sie „ordnen unsere*

Leidenschaften ... sie ermöglichen Leichtigkeit, Selbstbeherrschung und Freude im Leben eines moralisch guten Lebens.“ [58]

WUNDEN & ERLÖSUNG

Es lief mir eiskalt *über den Rücken*, als ich vor kurzem in der letzten Zeile einer Textnachricht folgenden Rat las: „Ich würde deshalb seufzend mal wieder ein paar Ideale begraben.“ Der Text bedeutete in seinem Kontext zwar etwas ganz anderes, aber ich musste sofort an dieses Kapitel denken. Die Wirklichkeit des Lebens holt einen doch immer wieder ein. Ideale werden begraben. Tiefgehende Wunden können lange tiefgehend bleiben. Außerdem, was heißt denn schon „Erlösung des Herzens“ für ein Missbrauchsopfer, oder für einen Menschen, der Objekt von Gewalt oder Willkür geworden ist? Man kann leicht reden, wenn man selbst so eine Situation nicht hat durchleben müssen. Eine Perspektive der Erlösung des Herzens besteht darin, daran zu erinnern, dass wir nicht im Paradies leben. Es stimmt ja: An mancher Situation könnte man verzweifeln. Eine „Spiritualität der Erlösung“ will aber ein Samenkorn Zuversicht säen. Sie will besagen, dass es einen Erlöser gibt, und der ist nicht die Eva und auch nicht der Adam und keiner von beiden muss es sein, Gott sei Dank. Außerdem bezeugt die Wirklichkeit der Schicksalsschläge: Sie sind fürwahr nicht Gott. Zugleich will aber eine Perspektive der Erlösung verheißen: Es gibt eine Macht der Erlösung, die die Fähigkeit des einzelnen Menschen übersteigt und zugleich in das Leben des Einzelnen hineinwirkt. Es gibt keine hoffnungslose Situation. Es gibt immer eine Zukunft, es gibt Heilung. Bodenhaftung verlangt Realismus. Nur besagt die Glaubensperspektive, dass ein Realismus, der diese Macht der

Erlösung außer Acht lässt, schnell die Größe des Menschen und seine Liebesfähigkeit bezweifeln kann, dem Pessimismus zu verfallen droht, den Glauben an den Menschen selbst zu verlieren scheint. Eine Perspektive der Erlösung verleugnet die Wunden nicht, sie besagt nur, dass diese nicht das letzte Wort über den Menschen haben.

08

DER

innere

Blick

„MAN SIEHT NUR MIT DEM HERZEN GUT. DAS WESENTLICHE BLEIBT FÜR DIE AUGEN UNSICHTBAR.“[59]

ANTOINE DE SAINT-EXUPÉRY

1995. Pretoria, Südafrika. Nelson Mandela überlegt, wie er der Spirale des Hasses und der Gewalt zwischen der weißen und der schwarzen Bevölkerung entgegenwirken könnte. In einem Jahr würde die Rugby-Weltmeisterschaft in Südafrika stattfinden und Mandela sieht seine Chance...

INSPIRATION

Die schwarze Bevölkerung hasste Rugby, sogar die Farben der Nationalmannschaftsuniform erinnerten an Apartheid. Wenn ein anderes Land gegen Südafrika spielte, feuerten sie im Stadion das andere Land an. In diesem Zusammenhang bat Mandela den etwas verblüfften Rugby-Kapitän Francois Pienaar, ihn zu besuchen. Es entstand folgender Dialog:

> *Mandela fragt: „Was ist deine Theorie über Leadership?“*
>
> *Pienaar: Beispiel geben. Das ist es, was ich immer gelebt habe...*
>
> *Mandela: Ja, einverstanden... aber wie schaffst du es, dass jemand ein Ziel erreicht, an das er selbst nicht mehr glaubt, das zu erreichen, er sich selber nicht, oder nicht mehr, in der Lage sieht? Wie schaffst du es,*

dass jemand über den eigenen Schatten springt, dort ankommt, wo er selber nie gedacht hätte, hingelangen zu können?"

Mandela beantwortet seine eigene Frage: „Inspiration. Wir brauchen Inspiration, Francois. Denn um dieses Land aufzubauen, müssen wir alle unsere Erwartungen übertreffen...

Aber, wie schaffst du es, dich selbst und andere um dich herum zur Größe zu inspirieren, wenn nur das ausreichen wird, was besser als dein Allerbestes ist? ... Manchmal, in dem du das Werk anderer nützt."

Mandela erzählt dann, wie ein Werk eines anderen, ein Gedicht aus dem Viktorianischen England, Invictus, ihn während der Zeit seiner Einzelhaft inspiriert und ihm die Kraft gegeben hatte, durchzuhalten. „Wir brauchen Inspiration, Francois." Pienaar hatte kapiert. Die Weltmeisterschaft, die mussten sie gewinnen. Auch wenn die Aussichten nicht gerade rosig waren.[60] Der dem Land Südafrika Versöhnung schenkende Sieg der Rugby-Weltmeisterschaft von 1996 hat Geschichte geschrieben. Und doch. Die eigentliche Inspiration kam von einem Staatsmann mit klarem Blick, der verstanden hatte, dass für sein Land der Weg zur Größe über einen jungen Rugby-Kapitän führen würde. Weil er in ihm etwas zu sehen vermochte, was der Kapitän nicht einmal erahnte. Um die Menschen in seinem Land zu inspirieren, wollte er Rugby nutzen, aber dazu musste zuerst der Kapitän der Mannschaft selbst inspiriert werden. Und diese Inspiration fand Pienaar in Mandela. Aber wie ging das? Dazu die folgende Geschichte:

1995-1996 war auch das Jahr, in dem ich nach dem Eintritt ins Kloster die ersten Klosterbruder-Babyschritte machte. Natürlich ein ganz anderer Kontext, ganz andere Umstände. Und doch irgendwie ähnlich. Ohne Inspiration hätte ich nicht überlebt. Ohne jemand, der inspirieren könnte, der das Beste aus mir herauszuholen wusste, wäre ich heute nicht hier:

Die erste Zeit nach meinem Eintritt ins Kloster war eine Herausforderung. Besonders für uns, die schon etwas Erfahrung auf dem Buckel hatten und nicht gerade aus der Schule kamen. Alles im Kloster war so anders, da brauchte man einfach eine Zeit, um sich selbst wieder zu finden. Ich glaube aber trotzdem, dass die größte Herausforderung nicht die unsrige war, sondern die der Ausbilder. Wenigstens Teilzeit-Chaoten waren wir. Einfach haben wir es ihnen nicht gemacht. Besonders einer der Ausbilder bleibt mir fest in Erinnerung. Bei den kleinen Fortschritten merkte man, wie er beeindruckt war, und nicht nur authentisches Interesse, sondern auch Wertschätzung und Bewunderung zum Ausdruck brachte. Das Beste daran: Es war nicht geheuchelt. Es war echt. Man wusste: Der glaubt wirklich an mich. Und als gläubiger Christ gewann ich immer mehr den Eindruck, dass auch Gott mich gerade so anschauen musste: nicht um zu hinterfragen und zu zerstören, sondern um aufzubauen, zu inspirieren, zu bekräftigen. Es war unbeschreiblich beflügelnd und ermutigend, so wahrgenommen zu werden. Er hat uns nicht heruntergemacht, nicht zu Tode kritisiert, und dabei hätte er genug Grund gehabt, um Kritik zu üben. Er entschloss sich, sich anders zu fokussieren. Er hatte irgendwas in uns gesehen, was wir selber nicht gesehen hatten und im ersten Moment auch gar nicht sehen konnten. Er hat uns gelehrt, tiefer in uns hineinzuschauen. Durch ihn habe ich mich selbst immer mehr finden können.

Was machte einen Mandela so inspirierend? Warum fand ich selbst soviel Inspiration und Ansporn in einem meiner Ausbilder? Ich denke, der Hauptgrund war, dass beide gut unterscheiden konnten zwischen einem Menschen und seiner Leistung. Beurteilung gehört heute zum Alltag. Ein Mensch wird bewertet: Du musst so aussehen, diese Leistung erbringen, diesem Freundeskreis angehören, diese Kleidung tragen, diese Erwartungen erfüllen. Mandela bewertete die Menschen seines Landes – und Pienaar selbst – eben nicht anhand ihrer gegenwärtigen Leistung. Er hatte bewiesen, dass er tiefer schauen konnte, das sehen konnte, wofür Pienaar und die Menschen seines Landes keinen Blick mehr hatten. Er wusste, dass es da mehr gab, als das Auge sah. Es gibt mehr auf der Welt, als die jetzigen Gegebenheiten. Der Mensch, die Menschen, die vor mir stehen, sind viel mehr als das, sie sind zu viel mehr fähig. Im zu Beginn des Kapitels über den Körper zitierten Lied „Invisible" drückt Bono die Sehnsucht nach diesem Blick aus: „Ich bin mehr, als du kennst, mehr, als du siehst, hier... mehr, als du mich sein lässt." Zu diesem Kern des Menschen, zu dem, was tiefer als die äußeren Erscheinungsformen und Tätigkeiten liegt, dorthin ist Mandela, aber eben auch mein Ausbilder vorgedrungen.

LIEBESKENNTNIS

Aber es gibt noch mehr zu bedenken. Jemand sagte einmal, es sei zwar richtig, dass wir nicht lieben können, was wir nicht schon kennen, doch wenn man jemanden wirklich tief kennenlernen möchte, müsse man ihn zuerst lieben. Der innere Blick, von dem in diesem Kapitel die Rede ist, erlaubt es einem Menschen, der liebt, tiefer zu schauen als die oberflächlichen Erscheinungsbilder, tiefer als die eigenen Erwartungshaltungen an den anderen, tiefer als die eigenen Wunschvorstellungen für diese Beziehung, als die Eigenschaften oder die Fähigkeiten, tiefer als die Worte, die Blicke, die Gefühle, die Neigungen, ja selbst tiefer als die Taten. Der Blick der Liebe, dieser Blick – der des Herzens – gibt sich nicht mit äußeren, aber auch nicht allein mit inneren Aspekten des anderen zufrieden, weil ihm bewusst ist, dass all das noch nicht der andere ist, sondern nur das, was der andere tut oder denkt oder sagt oder fühlt, wie der andere ausschaut, was der andere kann, was mir der andere vielleicht gibt... All das ist noch nicht dieser andere selbst. Der innere Blick will weiter, will tiefer in das Innere des anderen vordringen, will ihr oder sein Selbst berühren, erfassen, erblicken. Aber wie soll das gehen?

Holen wir kurz weiter aus, indem wir im ersten Buch der Bibel, Genesis, ganz zurück zum Anfang blättern und diesen Text im Kontext des Anfangs eines weiteren Buchs der Bibel, des Johannesevangeliums, lesen. Letzteres will ein Kommentar und eine Ergänzung des Genesis-Textes sein.

> *„Im Anfang schuf Gott Himmel und Erde; die Erde aber war wüst und wirr, Finsternis lag über der Urflut, und Gottes Geist schwebte über dem Wasser. Gott sprach: Es werde Licht. Und es wurde Licht. Am Anfang war die Erde wüst und wirr. Und der Geist schwebte über dem Wasser... dann sprach Gott... und es wurde..." (Gen 1, 1-3)*

> *„Im Anfang war das Wort (Logos). Und das Wort (Logos) war bei Gott und das Wort war Gott... Alles ist durch das Wort geworden." (Joh 1, 1-3) [Das griechische Wort „Logos" bedeutet soviel wie „Vernunft", „Verstand", „Sinn"]*

Der Gläubige ist davon überzeugt, dass „am Anfang", zutiefst vergraben in jeder Wirklichkeit, tiefer als jeglicher genetischer Code, nicht der Zufall und das Chaos, die „Wüste" und das „Wirre" steht, sondern göttliche Ordnung, Vernunft, Logos, Sinnhaftigkeit, die aus Liebe schafft und deren „Entschlüsselung" vernünftig ist, nicht weil der Mensch in diese Wirklichkeit Vernünftigkeit hineinprojiziert, sondern weil er diese Vernünftigkeit in der Welt selbst vorfindet und aus ihr herausliest.

Aber die Vernünftigkeit der Wirklichkeit zeigt sich nicht an der Oberfläche. Das Gravitationsgesetz steht nicht auf der Schale des fallenden Apfels, da muss man schon sein Gehirn benutzen, um dieses Gesetz zu entdecken, da muss man mit seinem Verstand tiefer graben, um die Gegenwart von Rationalität in den Dingen zu entdecken. Die tiefste Bedeutung des Menschen steht ihm nicht auf die Stirn geschrieben, das „Warum?" oder „Wozu?" seines Mannseins oder Frauseins steht nicht in großen Buchstaben auf seinen Geschlechtsorganen. Die tiefste Wirklichkeit des Menschen ist nicht sein Zusammengesetztsein aus chemischen und biologischen Bausteinen, die bestimmten Gesetzen folgen, sondern, sein Personsein, das ihn zur Wahrheit und zur Liebe befähigt. Weil er Person ist, besitzt er Würde, ein „Ich" – das immer größer als alle physischen, geistigen und spirituellen Eigenschaften und Fähigkeiten sein wird. Aber um das zu entdecken und in seiner Tiefe zu erfassen, den anderen in seiner ganzen Fülle als Mensch zu ergründen, dazu braucht es sogar noch mehr als nur rationale Überlegungen.

Die Größe des anderen, ihn in seiner Tiefe und Breite als Mensch zu erfassen, verlangt letztlich einen Blick voller Liebe. Warum? Weil die Liebe den Verstand nicht nur auf einen Teil des anderen, sondern auf den anderen selbst heftet. Weil es die Liebe ist, die schlicht und einfach vor allem darin besteht, zu sagen, dass der andere als ganzer Mensch gut ist, und nicht nur der Teil von ihm, der einem etwas bringt. Die Liebe ist zuallererst eine Bejahung des anderen: „Ja, du bist gut, es ist gut, dass du da bist." Nur im Nachhinein wird man sich bewusst, dass dieses Gutsein des anderen auch für das eigene Selbst gut sein kann. Aber Liebe setzt früher an, Liebe sieht den anderen um seiner selbst willen als gut an, unabhängig davon, ob er etwas gibt oder nicht.

Der innere Blick ist kein unreifer Blick. Ein Mann, der zum Beispiel eine schöne Frau sieht, sieht natürlich ihre äußere Schönheit, sieht wie sie aussieht, wie sie sich bewegt, wie sie spricht, wie sie sich verhält. Er sieht aber auch ihre Begrenztheit, begegnet auch ihren Fehlern. Der innere Blick aber hilft ihm, nicht nur das zu sehen, erlaubt ihm nicht, sich in der oberflächlichen Betrachtung zu ergehen, entweder berauscht oder verletzt zu werden. Der innere Blick hilft ihm, tiefer zu sehen, mehr zu sehen, an erster Stelle sie selbst zu sehen, natürlich *auch*, wie sie ausschaut, aber dieses Ausschauen steht im Kontext einer größeren, einer tieferen Wirklichkeit; nämlich, die Wirklichkeit dieser Frau selbst, im Kontext dieses, „Es ist gut, das du da bist – unabhängig davon wie du ausschaust, was für Fähigkeiten oder Eigenschaften du hast, was für Leistungen du erbringen magst." Aber das ist noch nicht alles.

DAS GANZE SEHEN

Der innere Blick ist kein rein spiritueller Akt, der das Ausschauen, Tun usw. des anderen überdeckt oder vergisst oder einfach so tut, als gäbe es das alles nicht. Nein. Der innere Blick führt dazu, gerade in all dem äußerlich Erscheinenden das Tiefere zu entdecken... und das hat sehr konkrete Auswirkungen, gerade auch für das Ausleben der Sexualität. Denn der innere Blick des Mannes entdeckt in der „nackten Frau" ihre Berufung zur Zweisamkeit, ihr Dasein, das sich in der liebenden Hingabe erfüllt, er entdeckt sie. Sein innerer Blick führt ihn weiter und tiefer, jenseits der Oberfläche, sie ist für ihn weit mehr als eine Befriedigung seines sexuellen Triebes, ihr Äußeres ist für ihn Träger einer tieferen Botschaft. Dieses Äußere und alles, was dieser Körper beinhaltet, ist gerade das, was ihm ihr Personsein vergegenwärtigt. Dieser Blick dringt zu ihr selbst durch, bleibt nicht auf einen Teil von ihr geheftet. Im Gegensatz zur Begierde, die immer nur auf den begehrten Teil fokussiert, sieht er durch den inneren Blick diesen Teilaspekt von ihr immer im Blick auf das Ganze: „Du selbst bist mir wichtig und auch wenn ich dankbar bin für das, was du mir schenkst, würde ich es niemals unabhängig von dir selbst wollen. Ich liebe dich nicht wegen deiner Geschenke oder wegen deiner Nähe oder wegen deiner Sexualität oder wegen deiner Zärtlichkeit oder wegen der Bestätigung, die du mir schenkst, sondern ich liebe dich als Person, die du mir das alles gibst."

Sein Blick sieht aber auch noch mehr. Sein innerer Blick bezieht sich nicht nur auf die Ebene des Seins (darauf, wer sie unabhängig von ihrem Tun ist), sondern auch auf die Ebene des Tuns (sie ist nicht einfach da, statisch, sondern gibt sich ihm ja hin). Denn in ihrer „nackten" (Kapitel über die Nacktheit) Hingabe erfasst er mehr als nur das Physische. Er begreift, dass sie sich ihm hier selbst öffnet, dass sie ihm Zugang zu ihrem verschlossenen Garten verschafft, dass sie sich für ihn völlig verwundbar macht, dass sie eigentlich gar nichts mehr schenken könnte, dass sie mit allen Karten spielt, völlig und bedingungslos sich seiner Verantwortung anvertraut. Er begreift, dass diese ihre Hingabe ihre freie Entscheidung ist, dass sie es nicht tun musste, dass sie nicht dazu gedrängt wurde. Das will besagen: Der innere Blick erfasst immer mehr den Wert dessen, was sie jetzt tut, ihre innere Größe, die Weite ihres Herzens, die Freiheit ihres Geistes, die Tiefe ihrer Liebe. Dieses Erfassen des Wertes ihrer Hingabe beflügelt seine eigene Freiheit, ermöglicht, dass seine eigene Hingabe an sie authentischer, tiefer, reifer sein kann.

Umgekehrt entdeckt der innere Blick der Frau im „nackten Mann" dasselbe: seine Berufung zur Zweisamkeit, seine Berufung zur liebenden Hingabe, sie entdeckt ihn. Ihr innerer Blick hilft ihr, tiefer vorzudringen als bis zur Oberfläche, mehr zu sehen als die Erfüllung Ihrer eigenen Sehnsucht nach einer bleibenden Beziehung, nach Geborgenheit, nach Sicherheit, nach einem Umfangensein, nach einem Gefühl des Wertseins für jemand anderen, nach der Erfüllung ihrer Erwartungen, nach der Sehnsucht geschätzt oder als schön empfunden zu werden. Auch sie fokussiert sich nicht auf das Geschenkte, sondern auf den Geber des Geschenks. Oder besser, im Geschenk entdeckt sie den Wert des Gebers. Sie bleibt nicht bei der Erfahrung seines Mannseins stehen, ihr Blick entdeckt in seiner Hingabe die Bestätigung seiner Treue, seiner Wertschätzung, seiner Achtung.

Ihre und seine konkrete Körperlichkeit, ihr Frausein und sein Mannsein, wie sie ihnen jetzt in ihrer gegenseitigen Wahrnehmung vorgestellt wird, führt beide dahin zu sagen: „Es ist gut, dass du da bist." Der innere Blick beinhaltet also diese beiden Aspekte: Erstens, ein Erfassen vom Sinn des Körpers des Mannes und der Frau sowie der körperlichen Hingabe im Ein-Fleisch-Werden zweitens, eine Herzenshaltung in Bezug auf diesen Körper. Auf der einen Seite geht es um das Erfassen des Wertes des anderen und auf der anderen Seite um ein Bejahen dieses Wertes. Das ist ja genau, was man Liebe nennt. Der innere Blick ist ein Blick der Liebe. „Um etwas zu lieben, musst du es kennen, aber um einen anderen Menschen tief zu kennen, musst du ihn lieben."[61] Der innere Blick führt nicht nur zur Entdeckung des anderen, sondern sagt etwas über den Menschen selbst aus. „Wer immer eine Frau lüstern anschaut, hat schon Ehebruch mit ihr in seinem Herzen begangen" (Mt 5,28). Wenn dieser Mann diese Frau „so" anschaut, zeigt er dadurch, was er in seinem Herzen hat. Das Anschauen und die Art und Weise dieses Anschauens ist zwar ein Vorgang des Körpers, deutet allerdings auf etwas Tieferes hin: die Herzenshaltung und so die Haltung des Menschen an sich. Umgekehrt betrachtet, ist das Anschauen ein inneres Handeln, welches sich äußerlich an einer gewissen Art des Schauens zeigt. Der Mensch, der „so" schaut, beginnt den anderen nicht mehr als Geschenk, sondern als Objekt zu betrachten. Der Mensch, der „so" schaut, bringt, wenigstens in diesem Augenblick des Schauens, eine Herzenshaltung zum Vorschein: Egoismus und Gier, nicht Liebe. Genauso aber bringt der innere Blick der Liebe die Herzenshaltung jenes Menschen zur Geltung, der eben anders schaut.

Der innere Blick verleiht innere Tiefe und Freiheit, weil dieser Mensch nicht in der Oberflächlichkeit aufgeht, nicht von augenblicklichen Gefühlen und Emotionen und Leidenschaften gefangen ist, nicht vom Moment versklavt wird, noch den anderen innerlich oder äußerlich ergreifen muss, sondern sich von ihm in Freiheit beschenken lassen kann. Der innere Blick ähnelt sehr der Kontemplation: „Ein einfacher Blick auf die Wahrheit unter dem Einfluss der Liebe".[62] Bei der Kontemplation schmelzen bruchstückhafte Erkenntnisse zu einem größeren Ganzen zusammen und der Blick gelangt bis zum Kern des betrachteten Gegenstandes. Man versucht, sich nicht auf einen Teil des Gegenstandes zu fixieren, der dann an sich gerissen wird. Vielmehr lässt der Betrachter den Gegenstand einfach stehen, wie ein Kunstwerk, das nicht als Werkzeug für weitere Ziele gebraucht wird, sondern das er respektvoll und ohne es zu ergreifen auf sich einwirken lässt. So geschieht es beim inneren Blick. Nicht Bruchteile vom anderen, sondern der andere selbst steht im Vordergrund. Die Liebe heftet den Verstand auf den inneren Kern des anderen, lässt ihn einfach sein, einfach stehen, so wie er ist.[63] Dieses „Stehenlassen“ und so zum Eigentlichen des anderen Vordringen, das bewirkt die Liebe. Die Gier hingegen führt dazu, den anderen eben nicht stehen zu lassen, sondern zu gebrauchen.

Zusammenfassend können wir sagen, dass der „innere Blick“ dreierlei besagt:

1. Das tiefste Verständnis des anderen, ein Verständnis, das bis zum Inneren des anderen vordringt, ist ohne einen gewissen „Blick“, der aus der Tiefe des eigenen Herzens kommt, nicht möglich. Ohne eine gewisse Herzenshaltung, einen „Blick der Liebe“ einem anderen Menschen gegenüber, wird dieser andere Mensch in seiner Tiefe nicht wirklich erfasst.

2. Der andere selbst begreift sich erst dann, wenn er mit diesem aus dem Herzen kommenden Blick angeschaut wird. Der innere Blick eines anderen Menschen hat die Fähigkeit zu inspirieren, das Beste aus einem Menschen herauszuholen, ihm seine Größe und Würde zu zeigen und ihn daran glauben zu lassen.

3. Der „innere Blick“ sagt weiterhin etwas über die Person aus, die so schaut, der „innere Blick“ „verrät“, bringt das Herz zum Vorschein, die intime Welt des so schauenden Menschen.

09

Gut, DASS wir Scham empfinden!

„DER MENSCH IST DAS EINZIGE TIER, DAS ERRÖTEN KANN. ODER SOLLTE."[64]

MARK TWAIN

Ich war begeistert. „St Bartholomew, Exquisite Pain" (2006) ist eine zweieinhalb Meter hohe Bronze-Figur von Damien Hirst. [65] Im Frühjahr 2014 sollte sie im Rahmen der Ausstellung „Leiblichkeit & Sexualität" in Wien präsentiert werden. Dargestellt wird der Apostel Bartholomäus, der gemäß der Legende bei lebendigem Leib gehäutet wurde. Seine Haut trägt er über seinem rechten Arm. In seinen Händen hält er eine Schere und ein Skalpell. Sicherlich gibt es viele Auslegungen dieses Werkes. Für mich ist es ein geniales Bild für die Scham. „Als hätte mir jemand die Haut abgezogen. Jede Berührung tut dann einfach nur noch weh." Gleiches passiert mit uns bei der Scham. Aber was ist die Scham wirklich? Warum empfindet man Scham?

Das biblische Buch Genesis stellt zwei Urzustände da: Nacktheit mit und Nacktheit ohne Scham. Die Scham, von der hier in Genesis die Rede ist, bezieht sich auf sexuelle Werte im Kontext des Ein-Fleisch-Werdens, wo beide, Adam und Eva, keine Scham voreinander empfinden, obwohl sie nackt sind.

> *„Darum verlässt der Mann Vater und Mutter und bindet sich an seine Frau, und sie werden ein Fleisch. Beide, Adam und seine Frau, waren nackt, aber sie schämten sich nicht voreinander." (Gen 2,24-25)*

Nach dem Ergreifen des „Apfels", nach dem Eintreten und dem Nachgeben gegenüber der Begierde, erfahren beide die volle Wucht des Schamgefühls.

„Da gingen beiden die Augen auf, und sie erkannten, dass sie nackt waren. Sie hefteten Feigenblätter zusammen und machten sich einen Schurz.“ (Gen 3,7)

Adam und Eva befinden sich im Garten, den man nicht nur, wohl aber auch als die Intimsphäre der Frau verstehen kann, in der sich ebenso der Mann befindet: „Ein verschlossener Garten ist meine Schwester Braut“ (Hld 4,12). Beide leben in einem Zustand der physischen und psychischen „Nacktheit“, ohne Grenzen, ohne Geheimnisse, ohne Masken – und gerade deswegen so verletzlich. Beide befinden sich nicht außerhalb der Mauer der Burg des anderen, sondern innerhalb, sind dort zu Hause, können ein und ausgehen, wie sie wollen, sie genießen das totale Vertrauen des anderen, besitzen selbst den Schlüssel zur Burg des anderen. Übrigens, deswegen finde ich „Exquisite Pain“ so aussagekräftig. Das „Ohne-Haut-Sein“ zeigt die Verwundbarkeit noch dramatischer auf als die einfache Nacktheit. Die Haut ist noch irgendwie ein Schutz. Aber in der Sexualität wird ja diese Schutzhaut wortwörtlich durchdrungen – Beide, Adam und Eva, erfreuen sich an den Früchten der vielen Bäume des Gartens: Stärke, Intelligenz, Schönheit, Anmut... es gibt tausende von köstlichen Früchten und herrliche Bäume: „Ein Lustgarten sprosst aus dir... Mein Geliebter komme in seinen Garten und esse von den köstlichen Früchten... berauscht euch an der Liebe.“ (Hld 4, 13.16 und 5.1). Dann ... geraten sie in die Versuchung, sich nicht mehr aufs Ganze ihrer Situation zu fixieren, sondern nur noch auf den einen Baum, die eine Frucht. Und statt sich beschenken zu lassen, beginnt der Mensch, beginnen beide – Mann und Frau – zu begehren, an sich reißen zu wollen, die Früchte nicht mehr als Geschenk, sondern als Anrecht zu betrachten, das man an sich reißen kann, wann und wie man will. Sie beißen hinein, essen gemeinsam vom gleichen Baum, teilen dieselbe Begierde nach derselben Frucht. Dann ... die

Folge: Sie beginnen sich zu verstecken, vor Gott, vor sich selbst, vor dem Partner. Die Tragik wird in „Exquisite Pain“ durch die Schere und das Skalpell dargestellt. Wie Hirst selbst sagt: „Seine Entblößung und sein Schmerz hat er sich anscheinend selbst zugefügt. Wunderschön. Aber tragisch.“ [66]

ZUDECKEN

Scham hat immer mit dem Wunsch zu tun, etwas zu verbergen, was man nicht der Öffentlichkeit preisgeben will – und das nicht, weil das zu Verbergende unbedingt als schlecht empfunden wird. Ein Adam kann sich zum Beispiel schämen, wenn seine Eva vor versammelter Gesellschaft sagt, dass seine Krawatte falsch gebunden ist. Was Adam hieran „schlecht“ findet, ist nicht die Tatsache, dass er jetzt weiß, dass seine Krawatte verkehrt sitzt, sondern dass das, was vorher vielleicht noch niemandem oder nur wenigen aufgefallen war, jetzt an die Öffentlichkeit gekommen ist – und zwar ohne seine Einwilligung. Scham entsteht also dort, wo etwas ohne eigene Zustimmung publik gemacht wurde, was der eigenen Meinung nach geheim bleiben sollte. Als schlecht empfunden wird nicht die Sache selbst, sondern deren ungewollte Bekanntmachung. Es wird als schlecht empfunden, weil bei Information, die privat bleiben soll, aber doch nicht privat bleibt, das Bestimmungsrecht umgangen wird: Nur ich darf über mich selbst bestimmen. Jeglicher Versuch der Bekanntmachung durch andere, wird zu Recht als Grenzüberschreitung empfunden – siehe das Kapitel über die Einsamkeit. Somit deutet Scham auf ein Bewusstsein hin, das man für das Selbstbestimmungsrecht hat. Deswegen ist Scham nicht einfach mit Angst gleichzusetzen. Denn Angst entsteht als Reaktion auf eine drohende Gefahr. Angst setzt aber kein

Bewusstsein für das Selbstbestimmungsrecht voraus. Ein Tier kann Angst empfinden, aber keine Scham. Angst kann Scham begleiten, aber Angst verlangt kein reflektiertes Bewusstsein in Bezug auf das Selbstbestimmungsrecht, verlangt deswegen auch keine Innerlichkeit. Hier will Innerlichkeit auf den Ort der „Einsamkeit“ (Kapitel 2) im Menschen hinweisen, wo Erkenntnisse gewonnen und freie Entscheidungen getroffen werden, wo jeglicher Versuch von außen her Fremderkenntnisse, Empfindungen, Entscheidungen usw. aufzuerlegen als klare Grenzüberschreitung gelten. Innerlichkeit ist die Voraussetzung dafür, dass Scham überhaupt entstehen kann. Scham kann dann zustande kommen, wenn etwas ohne Zustimmung aus der eigenen Innerlichkeit „geraubt“ wird, sodass das Gefühl entsteht, dass bei dieser Preisgabe nicht genügend mitgeredet, nicht ausreichend mitbestimmt wurde.

Wie aber ist jetzt das gegenseitige Sich-voreinander-Schämen von Adam und Eva zu verstehen? Sie verstecken sich ja nicht vor anderen – die gibt es ja gar nicht. Um die Insel mit dem weißen Sandstrand vom Kapitel über die „Gemeinschaft“ in Erinnerung zu rufen: Sie sind allein auf der Insel. Wo ist das Problem? Warum können sie nicht mehr einfach nackt sein?

„Exquisite Pain“ kann hier helfen. Adam und Eva hatten sich gegenseitig entblößt. Nichts blieb mehr zu verstecken. Alles wurde gezeigt. Das Ausziehen der Haut deutet auf die radikale Verwundbarkeit hin. Und doch vermittelt das Gesicht des Bartholomäus Gelassenheit. Er „zeigt keinen Schmerz. Ich habe die Schere hinzugefügt, weil ich dachte Edward Scissorhands war in einer ähnlich tragischen und zugleich schwierigen Lage – es fühlt sich an wie die Vergewaltigung der Unschuldigen.“[67] So auch bei Adam und Eva. Es war kein Schmerz in ihren Gesichtern zu sehen, denn die Liebe zwischen ihnen wuchs immer mehr, in „Sorge um den anderen und für den anderen". Sie (die Liebe) will nicht mehr sich selbst – das Versinken in der Trunkenheit des Glücks –, sie will das Gute für den Geliebten: Sie wird Verzicht, sie wird bereit zum Opfer, ja sie will es."[68] Aber dieser aus Liebe gewollte, selbst bescherte Verzicht um des anderen willen ist eben das: selbst gewollt, Resultat einer freien Entscheidung. Die radikale Verwundbarkeit bringt mit sich aber zugleich das radikale Risiko des Ausnützens. Und wo das geschieht, entsteht die Tragik: Die „Vergewaltigung der Unschuldigen" ist gegenseitig und selbstverschuldet. Jetzt muss Scham genau das zudecken, was vorher Liebe aufgedeckt hat. Der entblößte Körper war Liebesausdruck. Jetzt steht er unter der ständigen Gefahr, ausgenutzt zu werden.

Ein heißer Sommertag. Gott sei Dank gibt es Freibäder. Johannes macht die Tür zu den Duschen auf und geht hinein, verloren in seinen Gedanken. Das Problem ist, es ist die verkehrte Tür gewesen. Hier duschen die Frauen. Was ist die erste Reaktion von Brigitte, die nackt vor ihm steht? Sie greift nach dem Handtuch und bedeckt sich. Warum? Weil sie Angst haben muss, dass er etwas tun wird? Es war Johannes peinlich genug, hier hineinzuplatzen. Um das zu merken, braucht Brigitte keinen Detektivblick. Angst vor seinem Tun muss sie keine haben. Mit einem verlegenen „Sorry" verlässt er schon wieder den Raum. Hoffentlich hat das niemand gesehen! Warum dann das Zudecken, wenn es doch keinen Grund zur Angst gibt? Ohne es zu sagen oder sogar nicht einmal differenziert zu denken, sagt ihr Tun aber aus: „Man darf mich nicht einfach anschauen ohne meine freie Zustimmung. Ich will nicht, dass etwas für mich so Intimes für diesen Unbekannten frei zugänglich ist." Aber warum ist das so? Sie hätte wahrscheinlich kein Problem, wenn Johannes ihre Schuhe gesehen hätte, oder auch ihren großen Zeh. Aber die Teile ihres Körpers, die mit sexuellen Werten zu tun haben, das ist ein Problem. Da wird etwas an die Öffentlichkeit gebracht (auch wenn die Öffentlichkeit nur aus einem Johannes besteht), was für sie mit dem Geheimnis ihres eigenen Ich so verbunden zu sein scheint, dass dessen Preisgabe als eine Verletzung der eigenen Intimsphäre, als ein gewaltsames Eindringen in ihren verschlossenen Garten wahrgenommen wird. Sie weiß: „Ich alleine habe zu sagen, wann der Garten geöffnet wird und wann nicht." Interessant dabei ist ferner, dass bei ihr das Schamgefühl hochsteigt, auch wenn die Grenze ihrer eigenen Intimsphäre unfreiwillig überquert wird: Johannes wollte sie nicht verletzen.

Brigittes Schamgefühl deutet auf ihren Wunsch hin, ihre Würde und damit sich selbst zu verteidigen – aber dies nicht nur vor etwaigen äußeren Überschreitungen des Johannes. Das ist höchst bedeutsam. Denn, wie schon erwähnt, sind Taten von ihm höchstwahrscheinlich nicht zu befürchten. Sie bedeckt sich vielmehr vor seinem Blick. Vor seinen Gedanken. Er hat kein Verfügungsrecht über ihre sexuellen Werte: Er darf nur mit ihr schlafen, wenn sie das zulässt. Aber hier geht es ja offensichtlich nicht um das wirkliche Miteinander-Schlafen. Es geht um die Welt der Gedanken. Ihr Schamgefühl bezieht sich auf seine Blicke und somit auf das Eigentliche: Ihr Scham bezieht sich auf seine Gedanken, auf das, was in seiner Innerlichkeit jetzt vorgehen könnte. Er muss es noch gar nicht ausleben, allein ihr Bewusstsein davon, dass er sie als ein mögliches Objekt des Gebrauchs sehen *könnte*, stimmt sie unwohl, erwirkt die Scham, weil ihr Herz ganz genau weiß, dass er kein Recht hat, so in ihre Intimsphäre – ohne Schlüssel und ohne zu fragen – einzudringen.

„Aber er macht es ja gar nicht!" könnte man kontern. Das ist aber der springende Punkt. Das Schamgefühl deutet nicht auf ein äußeres Gesetz hin, sondern auf ein inneres Gesetz, auf etwas, das jeder selbst in sich trägt, weil es einfach das ausmacht, was er ist: eine Person, die niemals eine „Frucht" sein darf, die an sich gerissen wird, niemals als Mittel benutzt werden sollte, damit ein anderer dadurch seine eigene Befriedigung erreicht. Die Scham bezieht sich auf das Bewusstsein der unfreiwilligen Enthüllung der Innerlichkeit durch die Aufdeckung sexueller Werte. Adam und Eva spüren sexuelle Werte als so tief verbunden mit der eigenen Identität, dass eine unfreiwillige Enthüllung des Körpers einer Verletzung des eigenen Selbst gleichkommt. Die sich schämende Person merkt, dass sexuelle Werte nicht ergriffen werden dürfen, sondern nur geschenkt werden können.

Interessant dabei ist Folgendes: Nicht nur Brigitte fühlt Scham. Johannes empfindet sie auch. Nur wirkt bei ihm die Scham anders. Zur Verdeutlichung: Johannes' Scham kann mit dem Gefühl verglichen werden, das er empfinden würde, sollte jeder Gedanke, der ihm innerhalb der letzten 24 Stunden durch den Kopf geschossen ist, morgen in der Zeitung stehen. So würde er reagieren, wenn Brigitte erfahren würde, dass sie in seinen Gedanken zu einem beliebigen Gebrauchsobjekt herabgestuft wurde. Deswegen wird er (wenn er noch nicht alles Schamgefühl verloren hat) wegschauen, sich vielleicht kurz entschuldigen und so schnell wie möglich diese Duschen verlassen, in der Hoffnung, dass niemand diesen Zwischenfall bemerkt hat. Aber nicht nur das. Er schämt sich der ganzen Situation, auch wenn er keine solchen herabwertenden Gedanken hegt. Er schämt sich, dass Brigitte gemerkt hat, dass er sie nackt gesehen hat. Das ist ihm peinlich. Und das nicht, weil er von außen dazu gedrängt wurde, sondern weil er von innen her, in seinem Herzen spürt, dass er kein Recht dazu hat, die sexuellen Werte, die mit ihrem Körper verbunden sind, zu gebrauchen, sei das physisch oder gedanklich, ja, dass er sogar nicht einmal das Recht hat, diese ohne ihr Okay zu sehen.

Verletzung der Freiheit ist immer Verletzung der Würde, ist nicht-anerkennen, dass dieser ein „Mensch" ist; das heißt, das Recht darauf hat, durch seine Freiheit sein Leben selbst von innen her zu gestalten, ohne von außen her durch andere zu etwas gezwungen zu werden, was er nicht will. Scham entsteht nicht einfach dort, wo diese Innenwelt preisgegeben wird, sondern nur dort, wo diese Preisgabe unfreiwillig geschieht. Das heißt, wie ein Thermometer zeigt uns die Scham an, ob die Würde, ob das Personsein des Menschen verletzt wurde.

AUFDECKEN

Scham deckt einerseits zu, versucht sexuelle Werte dort zu verbergen, wo diese missbraucht werden könnten, weil sie ergriffen werden und nicht freiwillig geschenkt worden sind. Andererseits deckt Scham auf, denn durch sie wird der Wert der Person, des Individuums als solches hervorgehoben: Jede Frau, jeder Mann hat ein Recht auf sein Innenleben. Dort darf man nicht einfach eindringen, wie man will. Niemand ist „Besitzer" des anderen. Niemand hat ein Eigentumsrecht auf einen anderen Menschen. Der Mensch kann sich nicht einmal selbst enteignen. Das heißt, das Schamgefühl spiegelt nur das wider, was jeder Mensch von sich aus ist: Herr über sich selbst.

Scham in Bezug auf Sexualität will sexuelle Werte verbergen, um die Person zu schützen. Die Stärke des Schamgefühls ist proportional zur Schärfe, mit der die Gefahr des Missbrauchs der Person empfunden wird. Adam und Eva haben keine Scham empfunden, nicht aus einer kindischen Naivität, sondern aus vollem Bewusstsein und Reife heraus – sowohl für die eigene Sexualität als auch für die des anderen. Aber weil es eine

Beziehung war, in der weder Adam noch Eva befürchten mussten, dass der andere Partner sich in die eigene Intimsphäre hineindrängen würde, war die Scham aufgehoben. Die Scham wird sozusagen besiegt durch die Liebe. Liebe bewirkt, dass kein Zudecken nötig ist. Je stärker die Liebe, desto mehr verschwinden die Feigenblätter. Das geschieht aber nicht, weil das Schamgefühl auf einmal zerstört wäre. Im Gegenteil. Das Schamgefühl tritt sofort wieder auf, sobald man sich auf irgendeine Weise wieder gedrängt fühlt, sich in seiner Würde verletzt sieht. Sofort werden wieder Mauern aufgebaut. Sofort entstehen wieder Bereiche, wo dem anderen kein Zutritt gewährleistet wird. Das will besagen: Die Erfahrung von Scham verschwindet, wo ihre Bedingungen erfüllt werden. Scham ist nichts anderes als ein Garant für die Liebe. Oder anders: Scham ist die Liebe selbst, die ihre eigenen Bedingungen erfüllt sehen will, damit sie sein kann. Scham zeigt die Sehnsucht nach einer Liebe zwischen Menschen, die echt ist, das heißt nach einer Liebe, die inspiriert ist vom Wert des anderen, in allem was sie oder er ist und nicht nur einfach von einem Teil von ihm oder ihr, oder davon, was der andere gerade hergibt.

Da Liebe und Verantwortung proportional zueinander stehen (siehe Kapitel Unschuld), ist Scham ein Appell ans Herz zur Verantwortung in der Liebe. Scham erinnert ihn daran: Ich darf sie nicht gebrauchen. Scham erinnert sie daran: Ich darf mich nicht benutzen lassen. Scham erinnert beide daran: Wir haben eine Würde, die der andere durch sein Schamgefühl bestätigt. Scham lässt den anderen nicht nur theoretisch, sondern in der Praxis seinen eigenen Wert erfahren: Ich bin mehr als ein Gebrauchsobjekt. Wahrscheinlich wird auch gerade deswegen ein mangelndes Schamgefühl als wortwörtlich unver*schäm*t empfunden. Brigitte würde es wahrscheinlich als Nötigung und tiefe Beleidigung empfinden, sollte sie bei Johannes, der in die falsche Dusche hineinplatzt, überhaupt keine Scham wahrnehmen können, wenn er Brigitte einfach gierig anschauen würde. Es wäre eine Beleidigung und eine Verletzung, weil dabei in der Praxis und nicht nur in der Theorie eine Verneinung ihres Wertes als Frau stattfindet. Und diese fehlende Anerkennung in der Praxis tut in dem Maße mehr weh, wie im positiven Sinn eine reale, in die Praxis umgesetzte Liebe mehr Herzen zu erobern vermag, als eine theoretische.

Männer und Frauen scheinen Scham in der Regel anders zu empfinden. Männer verlangen mehr nach dem Physischen, Körperlichen. Frauen empfinden ein größeres Verlangen nach der emotionalen, psychischen Erfahrung. Das macht Schamhaftigkeit für die Frau in Bezug auf ihren eigenen Körper schwieriger, weil sie nicht wirklich eine solche Notwendigkeit empfindet, ihren Körper als mögliches Gebrauchsobjekt zu schützen.

Typische Kommentare:

> *ER: „Dann ist sie zutiefst verletzt, wenn sie merkt, dass es mir schwer fällt, schon wieder mal nicht zusammen zu schlafen!"*
>
> *SIE: „Er scheint gar nicht begriffen zu haben, wie empfindsam ich in diesem Bereich bin, wie sehr ich es wissen muss, dass es beim Zusammenkommen wirklich um mich geht, um mich überhaupt öffnen zu können. Wie schwer es mir fällt, wenn es ihm nur um das Physische zu gehen scheint."*

Der Begriff „Nacktheit" findet eine weitere Entsprechung seiner selbst im Begriff „Scham." Die Scham lässt erahnen, wie stark die Liebe in einer Beziehung sein muss, in der die Erfordernisse der Scham immer mehr erfüllt werden und daher immer weniger Masken, Entstellungen, Sicherheitsvorkehrungen getroffen werden müssen. Auch hier lohnt es sich, diesen Erfordernissen als Herzensbedürfnissen nachzugehen. Scham ist eine der konkretesten Arten und Weisen, wie tiefe Herzenssehnsüchte sich zeigen und sie zeigt auf, wo man sie konkret wahrnehmen kann.

10

DIE

bräutliche

Bedeutung

DES

Körpers

DEM ALLEN LIEGT EIN DESIGN ZUGRUNDE,
EINE AUSRICHTUNG,
EIN AUFSCHREI MEINES HERZENS,
EINE SEHNSUCHT ZU ERKENNEN.
DIE SCHÖNHEIT DER LIEBE, WIE SIE GESCHAFFEN WURDE.[69]

MUMFORD & SONS

Frühmorgens. Gegenüber liest ein älterer Mann mit Glatze friedlich seine Tageszeitung. Neben ihm: ein Student, der anscheinend vor seiner Prüfung steht. Außer seinen ausgebreiteten Notizen scheint er aber auch für gar nichts anderes Aufmerksamkeit übrig zu haben. Eine Dame schaut mit leerem Blick ins Nichts, während sie sich langsam an ihre Frühstücksbanane heranmacht. Ein Greis schläft. Auf einmal: Ein Bremsruck zieht sich durch die Abteile und Wagen. Offensichtlich befindet sich der U-Bahn Fahrer noch in der Lernphase. Guten Morgen, New York City! Die Türen der Metro platzen auf. 168th Street. Herein spazieren zwei kleine Jungen, die nichts Gutes versprechen. Hinter ihnen her ein Mann im mittleren Alter, der offensichtlich ihr Vater ist. Auf einmal ist die Hölle los. Einer der Jungen reißt dem Mann mit der Glatze die Zeitung aus der Hand, knetet daraus einen kleinen Fußball und spielt ihn zu seinem Bruder hinüber. Der ist allerdings gerade damit beschäftigt, der Frau die Reste ihrer Banane auf den Boden zu schmieren und die Schale in Richtung Gesicht des Studenten abzufeuern. Der schlafende Greis, der nicht mehr schläft, hat anscheinend dem Zeitungsräuber eine Lektion erteilen wollen, rutscht aber auf den Bananenresten aus und fällt in die Arme der Bananenbesitzerin. Dem Lausbubenvater hingegen scheint das alles egal zu sein. Er sitzt ganz bequem und ungestört da, in seine Gedanken versunken. Ich stehe auf, versuche meine aufkommende Wut in Zaum zu halten. Ich bin sogar ziemlich stolz darauf, dass ich nicht explodiere. Gefasst sammle ich meine Zivilcourage und konfrontiere ihn mit den Tatsachen: „Entschuldigen Sie, ich wollte Sie fragen, ob es möglich wäre, Ihre Kinder etwas mehr zu kontrollieren, denn wie Sie beobachten können, benehmen sie sich äußerst auffällig". Worauf der Vater wie aus einem Traum erwacht und mit schwacher Stimme versucht, seine Tränen zu verdrängen. „Oh! Verzeihung, ich komme gerade aus dem Krankenhaus, wo vor einer Stunde die Mutter dieser beiden gestorben ist. Ich nehme an, dass sie nicht wissen, wie sie damit umgehen sollen, und ehrlich gesagt, ich weiß es auch nicht." Ich stand sprachlos da. Oh Gott! All meine angestaute Wut war verflogen. In einer Sekunde. Mitgefühl, der Wunsch, etwas tun zu können, nahm deren Platz ein: „Der Arme!", denke ich mir. „Kann ich was für Sie tun? Wollen Sie darüber sprechen?"[70]

PARADIGMENWECHSEL

Stephen Covey erzählt in seinem Bestseller „Die 7 Wege zur Effektivität" dieses Erlebnis, um die Macht eines Paradigmas zu veranschaulichen. Äußerlich hatte sich gar nichts geändert. Die Kinder schrien immer noch, wirkten immer noch sehr störend. Und doch: Alles war anders, weil eine andere Perspektive dieselbe Situation auf einmal durch einen Paradigmenwechsel verwandelt hatte. Der Sachverhalt änderte sich gar nicht, aber die innere Einstellung des Autors änderte sich in einem Augenblick.

Der Sinn und Zweck dieses Buches besteht darin, eine Perspektive in Bezug auf den Körper und auf die Sexualität anzubieten, die sich nicht als besser oder schlechter oder wahrer oder verkehrter als die des Mediziners, des Biologen, des Psychologen oder des Sexualwissenschaftlers ausgeben will; sie ist eine andere. Oder besser gesagt, sie ist eine Ergänzung, sie will den Blick weiten, nicht einschränken. Diese Perspektive besagt vor allem, dass zum Körper und zur Sexualität mehr gehört, als was das Auge sieht, dass aber dieses „Mehr“ zugleich nur durch den Körper vergegenwärtigt werden kann. Diese Perspektive will besagen, dass man im sichtbaren Körper von Mann und Frau, ein „Design, eine Ausrichtung“ entdecken kann, die vor allem durch einen „Aufschrei des Herzens“, eine Sehnsucht und ein Verlangen verdeutlicht wird und die „Schönheit der Liebe, wie sie erschaffen wurde“ offenbart. Und diese Offenbarung des Designs des Körpers und der Sexualität wird im Begriff der „bräutlichen Bedeutung des Körpers“ zusammengefasst. Dieser Begriff besagt, dass der Mensch durch seinen Körper und nur durch seinen Körper Liebe ausdrücken kann und dass seine Ausrichtung, sein Design, Sinn, Zweck und Daseinsgrund darin besteht, dieser Liebe Ausdruck zu verschaffen.

Das Konzept „bräutliche Bedeutung des Körpers“ erscheint in den Katechesen von Johannes Paul II. über die Theologie des Leibes 117-mal und ist deren zentralster und wichtigster Begriff. Begründet ist der Begriff in der Auffassung, dass der menschliche Leib in seiner zweifachen Form des Daseins – als Mann und als Frau – sowie der Sexualakt selbst gut sind. Inhaltlich will der Begriff verdeutlichen, dass der menschliche Körper zum Ausdruck der Liebe werden kann. Oder anders nuanciert: Das Attribut „bräutlich“ bezieht sich auf die Fähigkeit des Menschen, mit seinem Körper Liebe auszudrücken, indem er in seinem Körper selbst zum Geschenk wird. Auf diese Weise erfüllt der Mensch den Sinn seines Daseins. Noch mal anders: Die „bräutliche Bedeutung des Körpers“ will zum Ausdruck bringen, dass der Körper von innen her auf eine Gemeinschaft von Personen orientiert ist, für diese Gemeinschaft geschaffen und letztendlich seine Erfüllung in der Gemeinschaft mit Gott selbst und, durch ihn, in der Gemeinschaft mit allen Menschen (was eine Glaubensperspektive die „Gemeinschaft der Heiligen“[71] nennt) findet.[72]

Der Körper deutet von sich aus auf Gemeinschaft hin. Das können wir am „Mannsein“ und „Frausein“ des Menschen entdecken. Der Körper in seiner männlichen und in seiner weiblichen Form sagt etwas aus: Ich bin nicht für mich selbst geschaffen, ich kann in meinem Körper einen tiefen Sinn entdecken, einen Ruf zur Liebe. Gerade weil Liebe nur frei geschenkt und nicht erzwungen werden kann, bleibt der „Ruf“ des Körpers zur Gemeinschaft in der Liebe immer nur ein „Ruf“. Diesem Ruf liegt eben „nicht nur der ‚sexuelle Instinkt‘ als Kategorie ... eines naturalistischen Sachzwangs, sondern ein Bewusstsein für die Freiheit der Gabe“ zugrunde. Nur allein den Sachzwang des Instinkts vor Augen zu haben, verringert und verengt die Wahrnehmung dessen, was Mannsein-Frausein in der Dimension des Zwischenmenschlichen eigentlich ist. Das Bewusstsein des „Nicht-Müssens“ im Bereich des sexuellen Instinkts hingegen, öffnet den Weg für das Bewusstsein sowie für das Leben der Freiheit in Bezug auf die Gabe, das Geschenk seiner selbst. Das „Ja“ des Geschenks bedeutet nur wirklich etwas für den, der weiß, dass er auch „Nein“ sagen könnte, dass er nicht „Ja“ sagen muss. Deswegen ist der sexuelle Instinkt der „Rohstoff“[73] *für die Freiheit der Gabe, doch die Gabe selbst, geht weit über diesen Instinkt hinaus. Die Stärke der Liebe ist proportional zur inneren Freiheit, die man dem Instinkt gegenüber bewahrt. Versklavung gegenüber dem Instinkt verdunkelt die bräutliche Bedeutung, weil sie die Freiheit zerstört. Das „Ja“ bedeutet dann nämlich nichts mehr. Das heißt, das gegenseitige „Für“ von Mann und Frau kann man eigentlich nur im größeren Kontext verstehen, und zwar: Bei der Mann-und-Frau-Beziehung geht es nicht nur um den Sachzwang des Instinkts, sondern um zwei freie Menschen, die beide in der Liebe wachsen können, in dem Maß, in dem sie in der Beziehung zueinander in ihrer „Einsamkeit" (Kapitel über die Einsamkeit) verharren, im Vollbesitz ihrer selbst bleiben. Ein Geschenk, das man schenken muss, ist kein Geschenk.*

Eine Geschichte von einem Bekannten hat mir das deutlicher gemacht.[74] Er saß eines Tages in einem Restaurant mit seiner Frau. Sie schaute ihn an und sagte, „Du, Chris, in letzter Zeit ist irgendwas anders zwischen uns." Er überlegt ... anders ... was ist denn anders? Nach einigem Nachdenken antwortete er: „Ich hab´s, ich habe verstanden, dass ich dich nicht brauche, um glücklich zu sein." Sie lachte und erwiderte: „Genau! Und ich habe auch verstanden, dass ich dich nicht brauche, um glücklich zu sein." – Hört sich ein wenig makaber an, und hätte ein Außenstehender diese Unterhaltung mitbekommen, hätte er bei sich sicherlich gedacht: „Oh Mann, die haben ja die volle Krise!" Die beiden hingegen behaupteten, sie wären einander noch nie so nahe, noch nie so eng verbunden, noch sie so tief verliebt gewesen wie jetzt. Paradox. Aber für mich verdeutlicht diese Geschichte, was hier hervorgehoben werden soll: Der Körper hat eine bräutliche Bedeutung, weil es bei den durch den Körper vergegenwärtigten Menschen, die durch den Leib ihr ganzes Selbst zum Ausdruck bringen, um mehr als Instinkt geht. Durch den Körper kann die Freiheit des Geschenks und somit die Liebe ausgedrückt werden. Er steht ihr frei gegenüber. Sie steht ihm frei gegenüber. Sie müssen nicht, sie wollen. Das ist es ja, was das Herz erobert. Je mehr der eine den anderen aber braucht, den anderen haben MUSS, nach dem anderen als emotionale oder sonst eine Krücke verlangt, desto größer der Freiheitsverlust auf beiden Seiten.

Gott kann übrigens in diesem Sinne Garant für die Freiheit werden. Insofern er nämlich an erster Stelle steht, muss der Partner nicht vergöttert werden, muss er nicht die Quelle für die Erfüllung aller Sehnsüchte sein. Das Vergöttern des Partners führt zum Freiheitsverlust, weil der andere von den eigenen Erwartungen und Forderungen erdrückt und überfordert wird – er und sie sind halt nicht Gott und – Gott sei Dank, und wo Liebe waltet, müssen sie es auch nicht sein.

So am Rande: Auch der zölibatär Lebende kann dazu dienen, die Möglichkeit der „Freiheit der Gabe" von nicht zölibatär Lebenden zu unterstreichen. Wenn es nämlich nicht völlig hirnrissig ist, was er tut, dann unterstreicht er mit seinem „Ja" zum Verzicht, dass es auch beim Miteinander-Schlafen eben um mehr als das Physische gehen muss. Wie das? Es verhält sich so ähnlich wie bei einem Mann, der spürt, dass es, aus welchen Grund auch immer, seiner Frau in einem gewissen Moment sehr schwer fallen würde, zusammenzukommen, und der sich dann aus Liebe dafür entscheidet, auf das sexuelle Einswerden zu verzichten. Die Freiheit seiner Gabe offenbart sich gerade in seinem Verzicht. Ferner offenbart sich diese Freiheit der Gabe in seinem Körper, der Verzicht ist eben körperlich. Das Paradoxe besteht darin, dass gerade der Verzicht auf die Ausübung sexuellen Verkehrs die Möglichkeit zu einem sexuellen Verkehr aufweist, der wirklich frei und von der Freiheit der Gabe gekennzeichnet und durchdrungen ist, oder noch besser: der gerade zum Ausdruck dafür wird, dass man sich frei gibt. Gerade der Verzicht des zölibatär Lebenden unterstreicht den Wert der sexuellen Hingabe. Denn er gibt das auf, nicht weil es so einfach ist, sondern weil es so schwer ist. Das ist ja die Idee. Er sagt, er liebt Gott so sehr, dass er ihm das Größte geben will, was er geben könnte, und unterstreicht gerade dadurch, dass die Ausübung der Sexualität nicht ein MUSS ist, sondern immer ein freies Geschenk sein kann. Dasselbe „Für", das im obigen Beispiel den Mann dazu gebracht hat, auf das Ausüben der Sexualität in einem gewissen Augenblick zu verzichten, kann ihn dazu bringen, in einem anderen Augenblick, seine Sexualität voll auszuüben und sich selbst dadurch seiner Frau zu schenken. Das heißt, der zölibatär lebende Mensch, der auf sexuelle Vereinigung verzichtet, kann paradoxerweise Mut machen und zeigen, dass dieser Verzicht möglich ist, dass Freiheit in der Ausübung der Sexualität möglich sein kann, dass Sex nicht ein MUSS ist, dass die ganze Rede von „Freiheit der Gabe" einen Sinn hat, kein schon im Vorhinein zur Heuchelei verurteiltes Unternehmen ist.

Wenn der sexuelle Verkehr sein müsste, dann könnte man nicht mehr von Freiheit und deswegen auch nicht von Liebe sprechen. Die Blume des Burschen in der Hand seiner Freundin bedeutet etwas, weil er die Blume nicht geben muss. Die tiefe Bedeutung der Blume erschließt sich aber nicht alleine durch das Negative „nicht müssen" sondern deutet vielmehr hin auf den positiven Gehalt der Gabe, das Geschenk „für" den anderen, die Folge eines freien „Ja". Das ist es, was mit „Freiheit der Gabe" gemeint ist.

Das sichtbar Spezifische des Mannes und das sichtbar Spezifische der Frau deutet hin auf eine unsichtbare Wirklichkeit, die „bräutliche Bedeutung", die sich in einer dreifachen Erfahrung zum Ausdruck bringt: in der Einsamkeit, in der Einheit und in der Nacktheit. Diese drei Aspekte formen die Grundlage für ein Verständnis von dem, was dem Menschen wesentlich ist.[75]

Die drei Begriffe – Einsamkeit, Einheit, und Nacktheit, betrachtet in einer vierfachen Ordnung – der des Paradieses, jener der gefallenen Welt, jener der erlösten Welt und der des Himmels, bilden den Inhalt der ganzen Theologie des Leibes.

Ein Überblick, wie anhand der drei erwähnten Grundaspekte des Menschlichen die Geschichte des Menschen von Anfang (ursprüngliche Ordnung) bis Ende (Himmelsordnung) aus der Perspektive eines Glaubenden zu verstehen ist, kann einen Gesamtbild der ganzen Theologie des Leibes und so des Menschen vermitteln.

KÖRPER & GESCHICHTE

Bis jetzt wurde in diesem Buch immer wieder auf den „Anfang" hingewiesen. Aus der Perspektive der „Theologie des Leibes" wird der Anfang nicht nur im Blick auf einen historischen Anfang des Menschengeschlechts verstanden, sondern als paradigmatische Umschreibung eines Zustands, auf den jede menschliche Sehnsucht hindeutet. Drei weitere solche urmenschliche Zustände oder Ordnungen werden von der „Theologie des Leibes" aufgegriffen. Zwei dieser Zustände spiegeln die Erfahrung des geschichtlichen Menschen wieder (der Körper nach dem Sündenfall oder der Körper und die Begierde, der erlöste Körper) und einer dieser Zustände ist eine Verheißung des Zukünftigen: der Körper im Leben danach. Alle vier Zustände (Anfang, Begierde, Erlösung, das Ende) haben eine paradigmatische Bedeutung. Die mittleren beiden Zustände der Begierde und der Erlösung stehen jedem Menschen als direkter Erfahrungswert offen. Der Anfang und das „Leben danach" können anhand der mittleren Erfahrungen, wenn auch nicht direkt erfahren, so doch aufgespürt und erahnt werden.

1. ANFANGSZUSTAND

Die Sehnsucht nach einer Beziehung, in der Freiheit herrscht und Masken fallengelassen werden können, erinnert an den ursprünglichen Plan Gottes, an den „Anfang".

2. ZUSTAND DER BEGIERDE

Die Erfahrung der eigenen Begierde und die der anderen lässt erkennen: Da läuft etwas schief, so soll es nicht sein, da haben wir etwas verbaut.

> *„Wenn wir über uns und über unsere Geschichte aufrichtig nachdenken, müssen wir sagen, dass mit diesem Bericht (vom Essen des Apfels in Genesis) nicht nur die Geschichte des Anfangs sondern die Geschichte aller Zeiten beschrieben wird und dass wir alle einen Tropfen des Giftes von jener Denkweise in uns tragen, wie sie in den Bildern aus dem Buch Genesis veranschaulicht wird. Diesen Gifttropfen nennen wir Erbsünde."*[76]
>
> Benedikt XVI.

Da der Körper nicht völlig mit der eigenen Sehnsucht des „Anfangs" im Einklang zu stehen scheint („Denn ich tue nicht das Gute, das ich will, sondern das Böse, das ich nicht will" – Röm 7,19), entwickelt sich eine ambivalente Beziehung zum eigenen Körper und zum Körper der anderen. Da sich Leidenschaften, Gefühle und Emotionen oft genug nicht in Harmonie mit der Vernunft und dem Willen befinden, kann ein Zwiespalt entstehen, der dann entweder: „Körper gut, Geist schlecht" oder „Geist gut, Körper schlecht" heißt. Der Körper wird sogar immer mehr als Objekt gesehen, unabhängig von dem eigenen „Ich", nicht „Ich bin mein Körper", sondern „Ich habe einen Körper" tritt in den Vordergrund des eigenen Empfindens. In solch einer Gedankenwelt wird der Wert des Körpers in Funktion seines Nutzens bemessen, das Bewusstsein für den Wert, den er an und für sich besitzt, geht verloren.

3. ERLÖSUNGSTAT

Und doch: Gott selbst hätte die Würde des Körpers nicht mehr unterstreichen können als durch seine körperliche Hingabe am Kreuz. Durch diese körperliche Hingabe erlöst Gott den Menschen: durch eine innere Kraft, die seinen Willen stärkt, seine Freiheit befreit, seinen Verstand erleuchtet, kann der Mensch trotz aller Gebrechlichkeit beginnen, einen Weg zu gehen, bei dem der Zwiespalt immer mehr aufgehoben wird, wo Körper und Geist immer mehr in Einklang stehen, wo er merkt, dass Christus seine eigene Freiheit immer mehr zu ihrer eigentlichen Größe hin befreit. Er kann beginnen, diesen Weg zu beschreiten.

4. HIMMEL, HERE WE COME

Und zugleich merkt er: Ja, auf dem Weg schreitet er voran, aber er ist noch nicht am Ziel. Und doch, seine eigene Begrenztheit und seine Schwäche geben ihm zugleich Hoffnung: Es muss eine definitive Ordnung geben, in der endgültig der Gleichklang wiederhergestellt wird, wo die Ordnung des „Anfangs", die sich durch seine Sehnsüchte erahnen lässt, definitive Wirklichkeit wird, wo der Körper seine definitive Bedeutung erhält. In der Ordnung des Himmels findet sich der Mensch selbst definitiv wieder, er wird in seiner Einzigartigkeit bestätigt (Offb. 14,1): Der Mensch trägt jetzt seinen Namen. Sein Name – Gottes Name – ist nicht der Feind, sondern der Garant für die eigne Einzigartigkeit, für die eigene „Einsamkeit" – ich bin gut und ich bin, wer ich bin, gerade WEGEN meiner Beziehung zu Ihm. Gemeinschaft mit Gott zerstört nicht, sondern beflügelt seine Freiheit. Nur in dieser Beziehung erfährt der Mensch, wer er in seiner Einzigartigkeit wirklich ist, nur in der Verleihung seines Namens, nur in dem Sich-Schenken Gottes an den Menschen, durch diese radikale Hingabe Gottes an ihn: „Du bist mir so viel wert, dass ich mich mit dir identifiziere, dass man das, was man dir antut, mir selbst angetan hat", erfährt der Mensch seinen eigenen unendlichen Wert. In der körperlichen Hingabe seines Gottes am Kreuz, entdeckt der Mensch den Wert seines eigenen Körpers. Der Mensch hat einen unendlichen Wert, weil er Gegenstand einer unendlichen Liebe ist. In der Gemeinschaft mit Gott erkennt der Mensch sich definitiv, weil er definitiv erkennen wird, was er für Gott wert ist. Der Körper ist nicht mehr Quelle der Scham, sondern das, was seine Hingabe in Freiheit ermöglicht. Der Mensch erfährt definitiv die Größe der bräutlichen Bedeutung seines eigenen Körpers.

Nachwort

UND ICH WURDE SOEBEN GEBROCHEN,
GEBROCHEN IN ZWEI
DOCH NENNE ICH ES MAGIC, WENN ICH NEBEN DIR BIN...
UND SOLLTEST DU MICH FRAGEN,
NACH ALLEDEM, WAS WIR DURCHGEMACHT
„GLAUBST DU NOCH AN MAGIC?"
NUN JA, DAS TUE ICH
OH JA, DAS TUE ICH
OH JA, DAS TUE ICH
OH JA, DAS TUE ICH
NATÜRLICH[77]

COLDPLAY, MAGIC

FREIHEIT & VERANTWORTUNG

In diesem Buch wurde keine Kasuistik, keine umfassende Ethik der Details ausgearbeitet. Vielmehr wurden Prinzipien vorgestellt. Ein „Ethos der Gabe", nicht eine rein formale Ethik ist der Weg zur Freiheit. Jedoch glaube ich, dass es nicht schwer sein wird, aus dem Gesagten viele praktische Konsequenzen für das persönliche Leben zu ziehen. Ich möchte hier am Schluss ein Beispiel für eine mögliche Konsequenz vorstellen. Dieses Beispiel ist natürlich nicht vollständig, man könnte darüber endlos weiter diskutieren. Ich biete es auch nur als Wegweiser an, um zu zeigen, dass die Prinzipien doch sehr schnell praktisch werden, wenn man sie anzuwenden versucht. Anwenden, Vollgebrauch der eigenen Freiheit: Das muss jeder für sich selbst verantworten. Ich kann zwar sagen, „So ist es für mich", aber die persönliche Meinung kann ich nicht ohne Grenzüberschreitung jemand anderem aufzwingen. (Übrigens, als gläubiger Christ würde ich sagen, das macht doch nicht einmal Gott. Zu überzeugen versucht er schon, fordernd kann er auch sein und ist er, denn da er uns liebt, ist es ihm nicht gleichgültig, was wir mit unserem Leben machen. Nur, er zwingt uns nicht. Von unserer Freiheit lässt er sich kreuzigen.) Andererseits ist die Festlegung eines Wertes für das persönliche Leben nicht sofort ein Angriff auf die restliche zivilisierte Welt (klare Überzeugungen machen noch keinen Terroristen). Es ist die persönliche Meinung. Jemand anderes mag sie teilen, vielleicht auch nicht. Aber es wäre genauso eine Grenzüberschreitung, meine Meinung einem anderen Menschen überzustülpen oder den anderen zwingen zu wollen, seine Meinung zu ändern, wie es eine Grenzüberschreitung wäre, wenn er mir seine Meinung aufzwingt.

Klartext. Ich könnte zum Beispiel sagen: „Der kategorische Ausschluss von Kindern in einer Ehebeziehung macht die Liebe selbst steril." Oder: „Der kategorische Ausschluss von Kindern in einer Beziehung steht nicht in meinem Wertekatalog." Vielleicht entsprechen diese Meinungen nicht der Wirklichkeit, vielleicht sind sie völlig falsch. Doch: Diese Aussagen sind nicht sofort ein Angriff auf jemand, der das anders sieht oder auch lebt. Ist das nicht Beliebigkeit? Nein. Denn es wird nicht behauptet, dass es erstens keine objektiv geltenden Werte gäbe und zweitens, dass es keine Pflicht gäbe, diese zu suchen und sein Leben danach auszurichten. Wie das Zweite Vatikanische Konzil erklärte:

„So bleibt das Recht auf religiöse Freiheit auch denjenigen erhalten, die ihre Pflicht, die Wahrheit zu suchen und daran festzuhalten nicht nachkommen, wenn nur die gerechte öffentliche Ordnung gewahrt bleibt."

DIGNITATIS HUMANAE, 2.

Natürlich ist der Beisatz, „wenn nur die gerechte öffentliche Ordnung gewahrt bleibt" kein unwichtiger Nebensatz: Man kann die innere Meinung der Suizid-Terroristen nicht gewaltsam ändern, deren Handlungen aber sehr wohl verhindern oder unmöglich machen.

Wie dem auch sei, die soeben erwähnte Pflicht, die Wahrheit zu suchen, und das Recht auf Freiheit sind nicht in „einer subjektiven Verfassung der Person, sondern (sind) in ihrem Wesen selbst begründet." (ebd.) Wieso? Nun, „der Mensch vermag... dieser Verpflichtung (sein Leben nach der Wahrheit auszurichten) auf die seinem eigenen Wesen entsprechende Weise nicht nachzukommen, wenn er nicht im Genuss der inneren, psychologischen Freiheit und zugleich der Freiheit von äußerem Zwang steht." (ebd.)[78]

Freie Entscheidungen setzen das Erkennen und Aneignen von Werten voraus. Klar, das Erkennen und das Aneignen ist persönlich. Aber der Mensch ist zugleich ein soziales Wesen. Durch Kontakt mit anderen Menschen, Dialog, Studium usw. kann er seinen Wertehorizont weiten. Papst Franziskus sagte einmal, „Die Wahrheit ist eine Begegnung."[79] Selbstisolierung ist daher einer der sichersten Pfade, um auf Irrwege zu geraten,

Dialogbereitschaft, Offenheit, sogar eine gesunde Streitkultur können dahingegen alles Wege sein, die einem Menschen enorm bei der Verfeinerung seiner Wertevorstellung unterstützen können.[80]

LEIDENSCHAFT & SEHNSUCHT

Es scheint mir, dass der Verdienst Johannes Pauls II. vor allem auf zwei grundlegenden Intuitionen beruht. Erstens: Die Erklärung und Gebrauchsanweisung des Eros finden sich primär im eigenen Körper, nicht in moralischen Vorschriften oder abstrakten Prinzipien. Damit öffnet er den Weg zur Freiheit. Denn wie schon so oft betont, Freiheit beruht auf innerer Überzeugung, nicht auf äußerem Zwang. Zweitens: Verletzungen und Wunden im Bereich des Sexuellen tauchen in der Regel dort auf, wo nicht zu viel, sondern zu wenig vom Eros erwartet wird. Tiefe Sehnsucht zu unterdrücken, ist „Suizid für die Seele",[81] sagt Christopher West. Das heißt, es geht ihm nicht darum, weniger, sondern mehr zu verlangen. Dabei geht es zugleich aber um ein ständiges Ringen, damit sich dieses Verlangen nicht in Begierde verwandelt. Es gibt keinen größeren Dämpfer für die Leidenschaft als die Begierde, denn die Begierde engt das Verlangen immer mehr ein: „Einen immer kleineren Genuss, um einen immer größeren Preis. Alles von ihm abzuverlangen, und ihm nichts davon zu geben, das ist es, was unserem Vater in der Tiefe Freude macht." Diese witzige, fast zynische Bemerkung von C.S. Lewis bringt es auf den Punkt. Und Augustinus sagt:

*„Derjenige ist mehr verloren,
der seine Leidenschaft verliert,
als derjenige, der in seinen
Leidenschaften verloren ist.“*[82]

REALISMUS & HOFFNUNG

Kürzlich lenkte ein junger Student meine Aufmerksamkeit auf das zu Beginn dieses Nachworts zitierte neue Lied von der Band Coldplay: *Magic*. Dieser Freund trägt gerade an der Last einer auseinander gegangen Beziehung. In diesem Lied schöpft er Hoffnung. *Magic* bleibt selbstverständlich offen für Interpretation. Doch scheint es mir so: Das Lied beginnt mit der Beschreibung einer Beziehungskrise *„ich wurde soeben gebrochen, gebrochen in zwei“*. Und doch verspürt man eine Sehnsucht, die irgendwie zugleich Verheißung ist: *„Doch nenne ich es Magic, wenn ich neben dir bin“*. Am Ende des Liedes scheint es, dass die Krise langsam überwunden wird, bzw. schon überwunden ist. Die Beziehung steht an der Schwelle der Zukunft. Er will ihr Mut machen, *„Glaubst du noch an Magic?“ Nun ja, das tue ich, oh ja, das tue ich, oh ja, das tue ich, oh ja, das tue ich... natürlich!“*

Meines Erachtens ist es wohl die Wirklichkeit selbst, die uns am besten lehrt, realistisch zu sein. Wenn man nämlich die innere Größe des Menschen und seine Freiheit außer Acht lässt, führt das unweigerlich zu Verbitterung und Dauerfrust. Ja, der Mensch verbaut sich selbst immer wieder die Liebe. Er schlägt Wunden und wird verwundet. Und doch, die Schwäche des Menschen und seine Gebrochenheit können auch Heilung finden. Die Macht der Erlösung ist eine Wirklichkeit, die Trost und Hoffnung spenden kann. Aus der Sicht des Glaubens gibt es niemals eine hoffnungslose Situation, es gibt immer eine Zukunft. Es lohnt sich, auf diesem Weg der Zukunft entgegen zu gehen. Unsere Sehnsüchte geben uns die Richtung vor.

DANK

Ein großes Dankeschön an Prof. Pedro Barrajón LC, der mich als erster mit der „Theologie des Leibes“ in Kontakt gebracht hat. Auch an Prof. Dr. Donal Asci für seine großartige Unterstützung bei dem Unternehmen, der „Theologie des Leibes“ eine tiefere Verankerung im deutschen Sprachraum zu verschaffen sowie für seine nun schon jahrelange Freundschaft. An Dr. Walter Schu LC und seine mitreißende Begeisterung für die „Theologie des Leibes“. Ganz besonders möchte ich Corbin und Birgit Gams erwähnen, die sich so sehr für die „Theologie des Leibes“ einsetzen und deren Freundschaft und Austausch ich über die Jahre sehr zu schätzen gelernt habe. Christopher West danke ich für seinen Einsatz und für seine Freundschaft und Hilfe – er ist sich gar nicht bewusst, was er schon alles hier bewegt hat.

Danke ganz besonders an Joz und Julia Spiekermann, an Edi und Simone Bergschober, an Katharina Thonhauser, an Sylvia Buhl, Norbert und Myriam Kruijen, Hans-Peter und Lucia Hauser, Ingrid Lips, Christian und Manuela Fletschberger, Teresa und Emi Gollegger für die Rückmeldungen, Vorschläge und Ergänzungen zum Text, wie die Ermutigung, die sie mir gegeben haben und ihr Engagement. Aber eben auch an Maria Lässer für ihre Hilfe in den letzten Monaten. Einen großen Dank an meine Cousine Franka Elsbett für die inhaltliche und rechtschreibliche Unterstützung. Danke an Mareike Sornek und ihr Engagement für das Thema und für den Gedankenaustausch.

Besonders möchte ich hier meinen Mitbruder, P. Thomas Fox LC, erwähnen, ohne dessen Einsatz dieses Buch nicht möglich gewesen wäre.

LITERATUR-VERZEICHNIS

Aurelius Augustinus, *Bekenntnisse*, Marixverlag GmbH, Wiesbaden 2012

Thomas v. Aquin, *Summa Theologiae.*

Antoine de Saint-Exupéry, *Der kleine Prinz*

Stephen R. Covey, *Die 7 Wege zur Effektivität – Prinzipien für persönlichen und beruflichen Erfolg*, GABAL Verlag, Offenbach 2005

Jason Evert, *Theology of His Body / Theology of Her Body,* Ascension Press, West Chester, PA, 2009

Sigmund Freud: *Gesammelte Werke*, 5. Auflage. Bd. 13, Frankfurt am Main 1967

Maria-Eugen Grialou, *Ich will Gott schauen*, Paulusverlag, Freiburg CH 2006

Johannes Paul II., *Die menschliche Liebe im göttlichen Heilsplan, eine Theologie des Leibes,* Fe-Medienverlag GmbH, Kissleg, 2008

John Paul II., *Man and Woman He created them, a Theology of the Body*, Boston, 2006

Johannes Paul II., *Liebe und Verantwortung. Eine ethische Studie.* Verlag St. Josef, Kleinhain, Österreich. 2007.

Martin Hähnel, Marcus Knaup (Hrsg.), *Leib und Leben, Perspektiven für eine neue Kultur der Körperlichkeit,* Wissenschaftliche Buchgesellschaft, Darmstadt 2013

C.S. Lewis. *Dienstanweisungen an einen Unterteufel*, Brendow Verlag, Moers 2003

C.S. Lewis, *Die große Scheidung*, Johannes Verlag, Einsiedeln 2003

Blaise Pascal, *Pensées,* Penguin Books, 1995 London

Edith Stein, *Keine Frau ist ja nur Frau.* Texte zur Frauenfrage, Herder Verlag, 1989.

Benedikt XVI, *Behold The Pierced One,* Ignatius Press, San Francisco 2011

Joseph Kardinal Ratzinger, *Einführung in das Christentum,* Kösel Verlag, München 1998

Joseph Cardinal Ratzinger, *Unterwegs zu Jesus Christus,* Sankt Ulrich Verlag, Augsburg 2004

Joseph Kardinal Ratzinger, *Wahrheit, Werte, Macht*, Verlag Josef Knecht, Frankfurt 1999

Rainer M. Rilke, *Dir zur Feier*, 1897/1898 [geschrieben für Lou Andreas-Salomé], in: Werke 3

David L. Schindler, *Ordering Love, Liberal Societies and the Memory of God,* Wm. B. Eerdmans Publishing Co., Grand Rapids, 2011.

Mary Shivanandan, *Crossing the Threshold of Love, A New Vision of Marriage,* The Catholic University of America Press, Washington, D.C., 1999.

Arthur Schopenhauer, *Sämtliche Werke in zwölf Bänden, Neunter Band, Parerga und Paralipomena II. Teil,* Cotta´sche Buchandlung, Stuttgart und Berlin, 1894

Mark Twain: *A Tramp Abroad, Following the Equator, Other Travels*, Library of America 2010.

Christopher West, *At the Heart of the Gospel, Reclaiming the Body for the New Evangelization*, Image Books, New York 2012

Christopher West, *Theologie des Leibes für Anfänger*, Fe-Medien Verlag, Kisslegg 2005

Christopher West, *Die Liebe die erfüllt*, Catholic Media, Köln 2009

Christopher West, *Fill Theses Hearts – God, Sex, and the Universal Longing*, Image, an imprint of the Crown Publishing Group, a division of Random House, Inc., New York 2012

Christopher West, *Good News about Sex & Marriage – Answers to Your Honest Questions about Catholic Teaching*, Servant Books – an imprint of St. Anthony Messenger Press, Cincinnati, OH, USA, 2007

Christopher West, *Theology of the Body Explained*, Boston, 2003

Walter J. Schu LC, *The Splendor of Love, John Paul II's Vision for Marriage and Family,* Circle Media, Inc., Hartford CT 2005

Hinweise

Wenn nicht anders vermerkt, entstammen alle **Bibelzitate** aus *Die Bibel, deutsche Einheitsübersetzung*, Katholische Bibelanstalt, Stuttgart, 1980.

Die **Zitate der Päpste** wurden, wenn nicht anders vermerkt, der Homepage des Vatikans entnommen: www.vatican.va.

Zitierte grundlegende Dokumente der Katholischen Kirche – Katechismus, Kompendium des Katechismus, Konzilstexte des II. Vatikanums – sind der Homepage des Vatikans entnommen: www.vatican.va

ENDNOTEN

1 Beschrieben von Christopher West, *Fill Theses Hearts – God, Sex, and the Universal Longing*, Image, an imprint of the Crown Publishing Group, a division of Random House, Inc., New York 2012, S. 4.

2 „Den Kern des von uns Liebe Geheißenen bildet natürlich, was man gemeinhin Liebe nennt und was die Dichter besingen, die Geschlechtsliebe mit dem Ziel der geschlechtlichen Vereinigung. Aber wir trennen davon nicht ab, was auch sonst an dem Namen Liebe Anteil hat, einerseits die Selbstliebe, anderseits die Eltern- und Kindesliebe, die Freundschaft und die allgemeine Menschenliebe, auch nicht die Hingebung an konkrete Gegenstände und an abstrakte Ideen. Unsere Rechtfertigung liegt darin, dass die psychoanalytische Untersuchung uns gelehrt hat, alle diese Strebungen seien der Ausdruck der nämlichen Triebregungen, die zwischen den Geschlechtern zur geschlechtlichen Vereinigung hindrängen, in anderen Verhältnissen zwar von diesem sexuellen Ziel abgedrängt oder in der Erreichung desselben aufgehalten werden, **dabei aber doch immer genug von ihrem ursprünglichen Wesen bewahren, um ihre Identität kenntlich zu erhalten (Selbstaufopferung, Streben nach Annäherung).** Wir meinen also, dass die Sprache mit dem Wort „Liebe" in seinen vielfältigen Anwendungen eine durchaus berechtigte Zusammenfassung geschaffen hat, und dass wir nichts Besseres tun können, als dieselbe

auch unseren wissenschaftlichen Erörterungen und Darstellungen zugrunde zu legen. Durch diesen Entschluss hat die Psychoanalyse einen Sturm von Entrüstung entfesselt, also ob sie sich einer frevelhaften Neuerung schuldig gemacht hätte. Und doch hat die Psychoanalyse mit dieser „erweiterten" Auffassung der Liebe nichts Originelles geschaffen. **Der „Eros" des Philosophen Plato zeigt in seiner Herkunft, Leistung und Beziehung zur Geschlechtsliebe eine vollkommene Deckung mit der Liebeskraft, der Libido der Psychoanalyse** (...) und wenn der Apostel Paulus in dem berühmten Brief an die Korinther die Liebe über alles andere preist, hat er sie gewiss im nämlichen „erweiterten" Sinn verstanden, woraus nur zu lernen ist, dass die Menschen ihre großen Denker nicht immer ernst nehmen, auch wenn sie sie angeblich sehr bewundern." Sigmund Freud: Massenpsychologie und Ich-Analyse. In: Sigmund Freud: Gesammelte Werke, 5. Auflage. Bd. 13, Frankfurt am Main 1967, S. 98-99. [Eigene Hervorhebung]

3 Christopher West, *Theology of the Body Explained*, Boston, 2003, S. XV (Vorwort). [Eigene Übersetzung]

4 Die Tatsache, dass die katholische Kirche am Glauben eines wirklichen ersten Menschen festhält, dessen Antwort auf Gottes geschenkte Liebe hinter dieser zurückgeblieben ist und dadurch eine wirkliche „Ursünde" begangen wurde, wird hier nicht diskutiert, auch nicht explizit die theologisch sehr relevante Frage, in welcher Weise die Auswirkungen dieser dann begangenen „Ursünde" auf die ganze Menschheit übergetreten sein sollen.

5 „Following contemporary philosophy of religion and of language, one can say that we are dealing with a mythical language. In this case, in fact, the term "myth" does not refer to fictitious-fabulous content, but simply to an archaic way of expressing a deeper content." John Paul II., *Man and Woman He created them, a Theology of the Body*, Boston, 2006, S.157 (8,2).

6 Eigene Übersetzung aus dem Englischen:
I'm more than you know / I'm more than you see here / I'm more than you let me be / I'm more than you know / A body in a soul / You don't see me but you will / I am not invisible / I am here

7 Diesen Gedanken hörte ich in dieser Form zum ersten Mal bei einem Vortrag von Prof. Dr. Don Asci während eines Seminars, in dem wir beide über die Theologie des Leibes referierten.

8 Eigene Übersetzung aus dem Englischen, siehe Endnote 69 Wenn der Leib als Sakrament bezeichnet wird, bezieht sich diese Aussage auf einen Sakramentsbegriff, der weiter gefasst ist als jener es ist, der – wie es aus der Sicht des Glaubens normalerweise geschieht – auf die 7 Sakramente der katholischen Kirche angewandt wird. Schon das II. Vatikanum hatte ihn auf Christus und auf die Kirche im Allgemeinen bezogen, z.B. „Die Kirche ist ja in Christus gleichsam das Sakrament..." (LG 1). Johannes Paul II. hat den Begriff in seiner „Theologie des Leibes" sehr erweitert.

10 Joseph Ratzinger, Pope Benedikt XVI., *Behold The Pierced One,* Ignatius Press, San Francisco 2011 (Kindle Version), S. 51. Hier öffnet sich der ganze Themenkomplex der Unterscheidung zwischen Natur und Gnade, Schöpfungsordnung und Heilsordnung. Sinn und Zweck der in diesem Kapitel angegeben Überlegungen besteht aber nicht darin, eine ausführliche theologische Unterscheidung vorzunehmen, sondern einfach auf die sakramentale Struktur der Welt hinzuweisen. Ratzinger in seinem hier erwähnten Kommentar auf die Enzyklika „Haurietis Aquas" vertritt die Ansicht, dass „On the one hand the Incarnation can only take place because the flesh has always been the Spirit's outward expression and hence a possible dwelling for the Word; on the other hand it is only the Son´s incarnation that imparts to man and the visible world their ultimate and innermost meaning....(the) self-transcendence of God only serves to bring to light that inner transcendence of the entire creation which the Creator himself has appointed: body is the self-transcending movement toward spirit, and, through the spirit, to God." (Ebd., S. 50-53).

11 In der katholischen Kirche werden Sakramente definiert als „wirksame Zeichen der Gnade, durch die uns das göttliche Leben gespendet wird." (Katechismus der katholischen Kirche, Nr. 1131). Johannes Paul II. selbst würde in Bezug auf den menschlichen Körper von einer Konstituierung eines Ursakramentes sprechen, „verstanden als ein Zeichen, das das unsichtbare Geheimnis, welches in Gott von aller Ewigkeit war, in die sichtbare Welt wirksam überträgt." Dieses Zeichen „ist ein wirksames Zeichen. Es deutet und drückt nicht nur die Gnade* in einer sichtbaren Weise aus, sondern

schafft diese Gnade und verursacht, dass sie auf wirksame Weise Teil des Menschen wird und dass das Erlösungswerk in ihm Verwirklichung findet" (John Paul II., *Man and Woman He created them, a Theology of the Body*, Boston, 2006, S. 468 (TdL 87,5). *Gnade: „dieses Geheimnis von Wahrheit und Liebe, das Geheimnis des göttlichen Lebens, an dem der Mensch wirklich teilnimmt." John Paul II., *Man and Woman He created them, a Theology of the Body*, Boston, 2006, S. 203, TdL 19,4.

Hier sieht man eine weitere Einschränkung des zu Beginn des Kapitels angegebenen Begriffs „Sakrament" und zwar deswegen, weil es in diesem engeren Sinne eben nicht irgendetwas vergegenwärtigt, sondern Gottes Wirken selbst. Das will nicht besagen, dass es nach katholischer Sicht keinen Sakramentenbegriff geben könne, der weiter gefasst ist. Es will eher heißen, dass es auch Wirklichkeiten gibt, die dieser übertragene Sinn noch nicht genügend erfasst.

Ferner sind es die Sakramente im „weiteren Sinne", die hingeordnet sind auf die Sakramente im engeren Sinne: „Im Menschen, der als Gottes Abbild geschaffen ist, wurde sogar der sakramentale Aufbau der Schöpfung, der Welt, gewissermaßen geoffenbart." John Paul II., *Man and Woman He created them, a Theology of the Body*, Boston, 2006, S. 203, TdL 19,4. (Eigene *Übersetzung*)

Siehe auch: Joseph Ratzinger, Pope Benedikt XVI., *Behold The Pierced One,* Ignatius Press, San Francisco 2011 (Kindle Version), S. 52 – 53: "Since the body is the visible form of the person, and the person is the image of God, it follows that the body, in its whole context of relationships, is the place where the divine is portrayed, uttered and rendered accessible to our gaze. Thus, from the very beginning, the Bible represents the mystery of God in the metaphors of the body and the world...it is as if the Word has continually been drawing flesh towards itself, making it its own flesh, the sphere of its own self. On the one hand the Incarnation can only take place because the flesh has always been the Spirit´s outward expression and hence a possible dwelling for the Word; on the other hand, it is only the Son's Incarnation that imparts to man and the visible world their ultimate and innermost meaning."

12 Bono über Bono, Gespräche mit Michka Assayas, Kiepenheuer & Witsch, 2005. S. 114, 118-119. Zitiert von Christopher West, *Die Liebe die erfüllt,* Catholic Media, Köln, S. 128-129.

13 Vgl. J. Ratzinger, Kapitel *The Mystery of Easter and Devotion to the Sacred Heart in Behold The Pierced One,* Ignatius Press, San Francisco 2011

14 Der Dichter Pindar, Inschrift von Delphi

15 Arthur Schopenhauer, *Sämtliche Werke in zwölf Bänden, Neunter Band, Parerga und Paralipomena II. Teil,* Cotta´sche Buchandlung, Stuttgart und Berlin, 1894, S. 200.

16 Cf. Josef Ratzinger, *Einführung in das Christentum,* Kösel Verlag, München 1998, Kapitel 2, Der biblische Gottesglaube, S. 84-102

17 Augustinus drückte das einmal so aus: „Du aber, o Herr, stelltest mich mir selbst vor Augen, indem du mich von meinem Rücken entferntest, wohin ich mich gestellt hatte, weil ich mich nicht schauen wollte.“ Bekenntnisse, 8,7. (Otto F. Lachmann: Die Bekenntnisse des heiligen Augustinus. Leipzig : Reclam, 1888, einsehbar unter: http://www.ub.uni-freiburg.de/fileadmin/ub/referate/04/augustinus/bekennt1.htm#0807)

18 Aus dem Buch *Dir zur Feier*, 1897/1898 [geschrieben für Lou Andreas-Salomé], in: Werke 3, S. 171-198.

19 Mumford and Sons, *I will wait.*

20 Johannes Paul II. *Redemptor Hominis*, 21.

21 Dieser Text wird mit Erlaubnis der Verfasserin wiedergegeben.

22 J. Ratzinger. Schon im Kapitel *über* den Körper erwähnt *(Mystery of Easter and Devotion to the Sacred Heart)*. Die ganze Schrift betont diesen Gedanken mit unterschiedlichen Nuancierungen: „the body is the visible form of the person“, „The body is not something external to the spirit, it is the latter’s self-expression, its “image”.” ; “The person exercises personhood in the body, and the body is thus (its) mode of expression”; “the flesh has always been the Spirit’s outward expression”...

23 Dieser Spruch wird dem hl. Enrico di Osso zugeschrieben

24 In Anlehnung an Johannes Paul II., *Liebe und Verantwortung. Eine ethische Studie.* Verlag St. Josef, Kleinhain, Österreich. 2007. Insbesondere Kapitel II. *Die Person und die Liebe.* S. 109-204.

25 Johannes Paul II., *Redemptor hominis,* 10.

26 Eigene Übersetzung aus dem englischen Text der genannten kanadischen Pop-Sängerin:
This innocence is brilliant, it makes you wanna cry
This innocence is brilliant, please don't go away
'Cause I need you now
And I'll hold on to it, don't you let it pass you by

27 „Die Presse" vom 10.7.2013. http://diepresse.com/home/leben/mensch/1428841/Rihanna-im-Welttheater-der-Libido

28 „Original innocence manifests and at the same time constitutes the perfect ethos of the gift." TdL, 18,5.

29 John Paul II., *Man and Woman He created them, a Theology of the Body*, Boston, 2006, S. 312-313 (46,4-5). [Eigene Übersetzung].

30 Johannes Paul II., *Redemptor hominis,* 186.

31 Die Verantwortung hat nicht im Gesetz ihre Grundlage, sondern dieses sollte Werte widerspiegeln, die verantwortungsbewusste Menschen kodifiziert haben.

32 Benedikt XVI. geht da noch weiter und behauptet, dass die Unschuld in Bezug auf Gott der Weg zum wahren Menschsein sei. In einer Predigt vom 8. Dez. 2005 sagte er Folgendes: „Wenn wir über uns und über unsere Geschichte aufrichtig nachdenken, müssen wir sagen, dass mit diesem Bericht nicht nur die Geschichte des Anfangs, sondern die Geschichte aller Zeiten beschrieben wird und dass wir alle einen Tropfen des Giftes von jener Denkweise in uns tragen, wie sie in den Bildern aus dem Buch Genesis veranschaulicht wird. Diesen Gifttropfen nennen wir Erbsünde. Gerade am Hochfest der Unbefleckten Empfängnis taucht in uns der Verdacht auf, dass eine Person, die gar nicht sündigt, im Grunde genommen langweilig sei; dass etwas in ihrem Leben fehle, nämlich die dramatische Dimension, autonom zu sein; dass die Freiheit, nein zu sagen, hinabzusteigen in die Dunkelheiten der Sünde und des Selber-machen-Wollens zum wahren Menschsein gehöre; dass man nur dann die ganze Weite und Tiefe unseres Menschseins, des wahren Wir-selbst-Seins bis zum Letzten ausnützen könne; dass wir diese Freiheit auch gegen Gott auf die Probe stellen müssen, um wirklich voll und ganz wir selbst zu werden. Mit einem Wort, wir meinen, dass das Böse im Grunde genommen gut sei, dass wir es, zumindest ein wenig, brauchen, um die Fülle des Seins zu erleben. Wir meinen, dass Mephistopheles – der Versucher – Recht habe, wenn er sagt, dass er die Kraft sei, die »stets das Böse will und stets das Gute schafft« (J. W. von Goethe, Faust I, 3). Wir meinen, ein wenig mit dem Bösen zu paktieren, sich ein wenig Freiheit gegen Gott vorzubehalten, sei im Grunde genommen gut, vielleicht sogar notwendig.

Wenn wir uns allerdings die Welt um uns herum anschauen, können wir sehen, dass es sich eben nicht so verhält; dass vielmehr das Böse den Menschen immer vergiftet, ihn nicht erhöht, sondern ihn erniedrigt und demütigt, ihn nicht größer, reiner und reicher macht, sondern ihm schadet und ihn kleiner werden lässt. Das müssen wir vor allem am Tag der Unbefleckt Empfangenen lernen: Der Mensch, der sich vollkommen in die Hände Gottes übergibt, wird keine Marionette Gottes, keine langweilige, angepasste Person; er verliert seine Freiheit nicht. Nur der Mensch, der sich ganz Gott anvertraut, findet die wahre Freiheit, die große und schöpferische Weite der Freiheit des Guten. Der Mensch, der sich zu Gott hinwendet, wird nicht kleiner, sondern größer, denn durch Gott und zusammen mit Ihm wird er groß, wird er göttlich, wird er wirklich er selbst."
Benedikt XVI., 8.12.2005

33 Eigene Übersetzung eines Spruchs von Christopher West, der ihn in verschiedenen Schattierungen öfters wiederholt, zum Beispiel in: *Theologie des Leibes für Anfänger,* Fe-Medien Verlag, Kissleg 2005, S. 137: „Wenn Sie nicht ‚Nein' zum Sex sagen können, was bedeutet dann Ihr ‚Ja'?"

34 Johannes Paul II. *Liebe und Verantwortung*. Verlag St. Josef, Kleinhain 2007. Die Wortzusammensetzung, „mögliches Objekt des Gebrauchs" kommt so oft im Buch vor, dass hier nicht auf eine konkrete Seite hingewiesen wird.

35 Der Vortrag wurde von zwei guten Freunden, Corbin Gams und seiner Frau Birgit, gehalten. Sie halten schon seit Jahren in katholischen Kreisen „Theologie des Leibes“ Vertiefungsseminare (www.visionliebe.com).

36 „A woman is not beautiful when her ankle or arm wins compliments, but when her total appearance diverts admiration from the individual parts of her body.“

37 *Für Aufreißer sind Frauen nur Sammlerstücke*, Die Welt, 13.5.2013:http://www.welt.de/vermischtes/article116122199/Fuer-Aufreisser-sind-Frauen-nur-Sammlerstuecke.html. Siehe aber auch: *Aufreißen als Subkultur: Höher, Schneller, Weiber* in „Der Spiegel“, 21.5.2013. http://www.spiegel.de/kultur/literatur/clarisse-thorn-fiese-kerle-pick-up-artists-und-aufreisser-a-898585.html

38 Ebd.

39 Eigene Übersetzung aus dem Englischen:
„The pull on my flesh was just too strong
It stifled the choice and the air in my lungs
Better not to breathe than to breathe a lie
'Cause when I open my body I breathe a lie.“

40 Vgl., Köck, ebd.

41 „(Der von der Begierde erfüllte Mensch) will nicht auf die Liebe zählen, die ihm nicht vertrauenswürdig genug erscheint. Er vertraut nur auf seine Erkenntnis, insofern sie ihm autonome Macht schenkt. In einer autonomen Welt will er auch Macht über die Liebe bekommen,

und indem er das tut, vertraut er mehr auf die Lüge als auf die Wahrheit. Und damit verlässt er die Tiefe seines Lebens und schreitet in den Tod. Liebe ist nicht Abhängigkeit, sondern Geschenk, das uns leben lässt. Die Freiheit eines menschlichen Wesens ist die Freiheit eines begrenzten Seins, das schließlich an seine eigenen Grenzen stößt. Wir können sie nur als geteilte Freiheit besitzen; in der Gemeinschaft der Freiheiten. Nur wenn wir auf richtige Art und Weise leben, der eine für den anderen, kann die Freiheit sich entwickeln." Benedikt XVI., 8.12.2005.

42 C.S. Lewis, *Dienstanweisungen an einen Unterteufel,* Brendow Verlag, Moers 2003, S. 45.

43 Eigene Übersetzung aus dem englischen Original, Rihanna, Birthday Cake 2011.

44 „Eine überschwängliche und leicht geweckte Sinnlichkeit ist der Stoff, aus dem ein reiches, wenn auch schwieriges persönliches Leben gebildet werden kann. Sie kann dem einzelnen dabei helfen, bereitwilliger und vollständiger auf die entscheidende Elemente in der personalen Liebe zu antworten. Eine ursprüngliche sinnliche Erregbarkeit... kann ein Faktor werden, der zu einer volleren und inbrünstigeren Liebe beiträgt. Eine solche Liebe wird natürlich das Ergebnis einer Sublimierung sein." Johannes Paul II., *Liebe und Verantwortung*, Verlag St. Josef, Kleinhain 2007, S. 161.

45 Johannes Paul II., *Liebe und Verantwortung*, Verlag St. Josef, Kleinhain 2007, S. 158.

46 Benedikt XVI., *Deus Caritas est,* 6.

47 Johannes Paul II., *Liebe und Verantwortung,* Verlag St. Josef, Kleinhain 2007, S. 185.

48 Joseph Kardinal Ratzinger, *Unterwegs zu Jesus Christus,* Sankt Ulrich Verlag, Augsburg 2004, S. 101

49 Mittwochsaudienz, 29.10.1980. Eigene freie Übersetzung aus dem Italienischen: **L'uomo non può fermarsi a porre il „cuore" in stato di continuo ed irreversibile sospetto a causa** delle manifestazioni della concupiscenza della carne e della libido, che, fra l'altro, uno psicanalista rileva mediante le analisi dell'inconscio. **La redenzione è una verità, una realtà, nel cui nome l'uomo deve sentirsi chiamato, e „chiamato con efficacia".** Deve rendersi conto di tale chiamata anche mediante le parole di Cristo secondo Matteo 5,27-28, riflette nel pieno contesto della rivelazione del corpo. L'uomo deve sentirsi chiamato a riscoprire, anzi, a realizzare il significato sponsale del corpo e ad esprimere in tal modo la libertà interiore del dono, cioè di quello stato e di quella forza spirituali, che derivano dal dominio della concupiscenza della carne. [eigene Hervorhebungen]. Siehe Zitat im Kapitel über die Unschuld.

50 Siehe den Unterschied zwischen einem „In Zaum halten" und einer Wahl aus der inneren Freiheit heraus in Papst Johannes Paul II., *Liebe und Verantwortung,* Verlag St. Josef, Kleinhain 2007, S. 233-255.

51 „Die Wahrheit ist eine Bedingung für die Freiheit, denn wenn ein Mensch seine Freiheit in Bezug auf verschiedenartige Objekte erhalten kann, welche sich im Lauf seiner Aktivität als gut und begehrenswert aufdrängen, dann nur deshalb, weil er fähig ist, diese Güte im Licht der Wahrheit zu sehen, und er so eine unabhängige Einstellung ihnen gegenüber einnehmen kann. Ohne diese Fähigkeit würde der Mensch unvermeidlich determiniert: Jene Güter würden Besitz von ihm ergreifen und gänzlich den Charakter seiner Handlungen sowie die ganze Richtung seiner Aktivität bestimmen. Seine Fähigkeit, die Wahrheit zu entdecken, gibt dem Menschen die Möglichkeit der Selbstbestimmung, wo er für sich selbst über den Charakter und die Richtung seiner eigenen Aktionen entscheiden kann; und das ist es, was Freiheit bedeutet." Johannes Paul II., *Liebe und Verantwortung,* Verlag St. Josef, Kleinhain 2007, S. 170.

52 Obwohl dieser letzte Satz fast sicher auf einem Gedanken von Benedikt XVI. beruht, konnte trotz Recherche die Quelle nicht mehr ausfindig gemacht werden. Ähnlich geht aber Papst Benedikt, noch als Kardinal Ratzinger, auf das Thema in folgendem Text ein: Joseph Kardinal Ratzinger, *Wahrheit, Werte, Macht,* Verlag Josef Knecht, Frankfurt 1999, S. 18-21.

53 C.S. Lewis, *Die große Scheidung,* Johannes Verlag, Einsiedeln 2003, S. 129

54 Aus einer Glaubensperspektive heraus ist das eine wichtige Fragestellung: „Was hat uns die Erlösung in diesem Leben im Hinblick auf unsere ungeordneten

sexuellen Tendenzen WIRKLICH gebracht? Danach entstehen immer mehr und mehr Fragen. Können wir die Begierde überwinden? Wenn nicht, was tun mit unseren Neigungen? Wenn ja, bis zu welchem Grad und wie in diese Gnade eintreten? Wie sieht ein „sexuell erlöstes" Leben aus?" Christopher West, *The pivotal Question,* 2009. [Eigene Übersetzung]. Für West ist die Frage ironisch-provokativ gestellt. Es geht in der Erlösung um eine innere Verwandlung des Egoismus in Liebe, nicht nur um die getünchte Ausbesserung einer Herzfassade, sondern um einen echten Wandel des Menschen selbst, der immer fähiger wird, sich nicht nur „im Griff" zu haben, sondern seine eigene sexuelle Neigungen gemäß der Liebe auszurichten.

55 Johannes Paul II., Ansprache an Priester und Seminaristen, 17.11.1980, Fulda.

56 Cf. Johannes Paul II., *Liebe und Verantwortung*, Verlag St. Josef, Kleinhain 2007, S. 185-186. Es geht hier um das, was Johannes Paul II. das „Gesetz der Ekstase" nennt, wodurch 2 Menschen gewissermaßen aus sich selbst hinaustreten, um sich in einer vollständigeren Art und Weise im anderen wiederzufinden. Die psychische Intensität dieser Erfahrung „erklärt sich nicht allein durch die biologische Kraft des sexuellen Triebes, sondern auch durch die Natur jener Form der Liebe, die sich hier zeigt." (S. 186).

57 Vgl. Thomas von Aquin, *Summa Th., I-I I, q. 58, a. 3, ad 2.*

58 Vgl. *Katechismus der Katholischen Kirche* 1770, 1775, 1804

59 Antoine de Saint-Exupéry, *Der Kleine Prinz*, Kapitel 21. Auch in diese Richtung: Blaise Pascal, Pensées IV, 277: „Das Herz hat seine Gründe, die der Verstand nicht kennt" (Übersetzung aus dem französischem Original: „Le cœur a ses raisons que la raison ne connaît pas.").

60 Clint Eastwood stellt die „Invictus" -Geschichte in seinem gleichnamigen Film dar, wo er diesen Moment widerspiegelt. Es stimmte zwar, dass Mandela in „Invictus" während seiner Einzelhaft Inspiration gefunden hatte, in Wirklichkeit war aber der Text, den er dann Pienaar überreichte, eine berühmte Rede, die Theodore Roosevelt im April 1910 in der Sorbonne in Paris gehalten hatte und die in die Geschichte als die „Man in the Arena"-Rede eingegangen ist.... Auch ein sehr inspirierender Text. Die Begegnung zwischen Mandela und Pienaar, die hier wiedergegeben wird, ist eine vereinfachte Niederschrift aus dem Drehbuchs des Films:

MANDELA: You have a very difficult job.

PIENAAR: I do? I sell gas braais. (Mandela lets go and Pienaar takes the tea.)

MANDELA: Captain of the Springboks. A very difficult job.

PIENAAR: Not compared to yours, sir.

MANDELA: Ah, but then nobody is trying to tear my head off while I'm doing mine.(Pienaar grins.)

MANDELA: It is not so difficult to get people to do their best. And I imagine that anybody who plays for their country does their best, almost automatically.

PIENAAR: Or they wouldn't be chosen in the first place.

MANDELA: Yes. But to get people to be better than that? Better than they think they can be? Now, that is difficult, I find.

PIENAAR: Yes sir, it is.

MANDELA: How do we do that? By example? To an extent. But there is more to it than that ...(searching for the right WORD)... inspiration, perhaps.

(Pienaar is engrossed. This is a master lesson on leadership, from a master.)

MANDELA: How do we inspire ourselves to greatness, when nothing less will do? How do we inspire everyone around us?

(BEAT) Sometimes, I think, by using the work of others. (Long pause. Pienaar knows to keep quiet.)

MANDELA: On Robben Island, when things were very hard, I found inspiration in a poem.

PIENAAR: A poem?

MANDELA: A Victorian poem. Just words. But they helped me to stand when all I wanted was to lie down --

(SUDDENLY DISMISSIVE) But you didn't come all this way to hear an old man talk about things that make no sense.

PIENAAR: No! They make a lot of sense, sir.

(BEAT) On the day of a big match, say a test, in the bus on the way to the stadium, nobody talks.

MANDELA Yes ... yes. Everybody is preparing.

PIENAAR: When I think we're ready, I have the bus driver put on a song I've chosen; a theme song. One we all know. We listen together and ... it helps.

MANDELA: Yes! I remember when I was a guest at the 1992 Olympic Games in Barcelona. The whole stadium welcomed me with a song. **(BEAT)** At the time the future – our future -- seemed very bleak. But to hear that song, in voices from all over our planet ... it made me very proud to be South African. It helped me to come home and do better. It allowed me to expect more of myself. (A beat):

PIENAAR May I ask what the song was, sir?

MANDELA Well, it was Nkosi Sikelel' iAfrika. A very inspiring song. (Mandela looks into Pienaar's eyes.)

MANDELA We need inspiration, Francois. (Brown African eyes, blue African eyes meet over their cups of tea.)

MANDELA Because, in order to build our nation, we all need to exceed our own expectations. (something passes between them. Whatever it is has a profound impact on Pienaar)....

(a few minutes later in the car with Nerine) **NERINE** Well? What did he want?

(This is the question Pienaar is wrestling with, too. He thinks it over for long enough to drive Nerine crazy)

NERINE Ag, come on Francois. It's like talking to a bloody brick wall. What did he want? (Pienaar turns in his seat, looks at her as realization comes clear in him ...

PIENAAR I think ... I think he wants us to win the World Cup.

61 Ich konnte den Urheber dieses Zitates leider nicht ausfindig machen. Allerdings sagt Benedikt XVI. Ähnliches in Joseph Ratzinger, Pope Benedikt XVI., *Behold The Pierced One*, Ignatius Press, San Francisco 2011 (Kindle Version), S. 51. „The old axiom is that like is known by like. In matters of the mind and where persons are concerned, this means that knowledge calls for a certain degree of empathy, by which we enter, so to speak, into the person or intellectual reality concerned, become one with him or it, and thus become able to understand (intellegere = ab intus legere)." Und dann, auf S. 26, „As Richard of St. Viktor says – ‚Love is the faculty of seeing.'" Und dann noch mal auf S. 55, „Many texts could be quoted here, for instance, Hugh of St. Victor's ‚Intrat dilectio et appropinquat, ubi scientia foris est'; or Richard of St. Viktor's beautiful, ‚Amor oculus est et amare videre est.'"

62 Eine Erweiterung der klassischen Definition von Thomas von Aquin „simplex intuitus veritatis" durch den Zusatz „sub influxu amoris". Diese Erweiterung entstammt den Salmantizensern, einer Theologischen Schule des Mittelalters in Salamanca, Spanien. Beide Definitionen werden wiedergegeben in Maria-Eugen Grialou, *Ich will Gott schauen,* Paulusverlag, Freiburg CH 2006, S. 497.

63 Vgl. ebd., S. 497-504.

64 Mark Twain, *Following the Equator,* Kapitel 27, Übersetzung aus dem englischen Original: "Man is the Only Animal that Blushes. Or needs to."

65 Das Werk *'St Bartholomew, Exquisite Pain'* wurde besonders für die 2006 *Beyond Limits-Sotheby's exhibition of modern sculpture,* die jedes Jahr im Chatsworth house des englischen Duke Devonshire stattindet, geschaffen. Auf der Webseite des Hauses wird Hirst wie folgt zitiert: "He holds his own skin over his arm and he holds a scalpel and a pair of scissors in his hands so that his exposure and pain are seemingly self-inflicted. It's beautiful yet tragic, and like Saint Sebastian his face shows no pain. I added the scissors because I thought Edward Scissorhands was in a similarly tragic yet difficult position - it has a feel of a rape of the innocents about it."

66 Ebd.

67 Ebd.

68 Benedikt XVI., *Deus Caritas est*, 6.

69 Dem Lied „Sigh No More" aus dem Album „Sigh No More" (Island Records, 2009) entnommen. Wird auch von Christopher West in *Fill These Hearts – God, Sex, and the Universal Longing,* Image, an imprint of the Crown Publishing Group, a division of Random House, Inc., New York 2012, S. 99, zitiert. [Eigene Übersetzung aus dem Englischen].

70 Stephen R. Covey, *Die 7 Wege zur Effektivität – Prinzipien für persönlichen und beruflichen Erfolg,* GABAL Verlag, Offenbach 2005, S. 39. Die Geschichte ist hier nicht wortwörtlich wiedergegeben, sondern wurde etwas umgeschrieben.

71 Das Dogma der "Gemeinschaft der Heiligen" gehört zum Glaubensgut, demnach wird der Mensch nach der Auferstehung im eigenen Leib die Quelle für die freie Gabe seiner selbst an andere Menschen vorfinden, einen Zustand, in dem er seine eigene Subjektivität, sein eigenes Ich vollkommen entdeckt und zugleich eine perfekte Intersubjektivät zwischen allen Menschen erlebt, wonach jeder einfach erst mal sein darf, was er ist. Siehe hierzu: John Paul II. *Man and Woman He Created Them,* Boston 2006, S. 396 und S. 400.

72 Vgl. John Paul II., *Man and Woman He Created Them*, Boston 2006, S. 682-683. Dieser Absatz ist eine von mir abgeänderte und ergänzte Übersetzung der Erläuterungen im „Index of words and phrases" des Übersetzers und Herausgebers dieses Buches, Michael Waldstein, zum Begriff, „Spousal meaning of the body".

73 Den sexuellen Instinkt als „Rohstoff" zu sehen, ist eine Idee, die immer wieder in Johannes Paul II., vgl. Johannes Paul II., *Liebe und Verantwortung*, Verlag St. Josef, Kleinhain 2007, vorkommt.

74 Christopher West, *Fill These Hearts – God, Sex, and the Universal Longing,* Kindle-Ausgabe, S. 159, ab Pos.1997.

75 Johannes Paul II., TdL, 13,2.

76 Benedikt XVI., 8.12.2005, Predigt während der Eucharistiefeier anlässlich des 40. Jahrestags des Abschlusses des II. Ökumenischen Vatikanischen Konzils.

77 Coldplay, *Magic*, 2014. Bei meiner Übersetzung aus dem Englischen, habe ich mich dazu entschieden, das Wort „Magic“ nicht zu übersetzen. Denn es hat eine Bedeutung, die „Zauber“ und „Magie“ nicht vermitteln. Was hier vermittelt wird, ist das Gefühl eines zauberhaften, tiefen Augenblickes der tiefgreifende Konsequenzen haben kann. Hier der Originaltext:

And I just got broken, broken into two
Still I call it magic, when I'm next to you...

And if you were to ask me
After all that we've been through
"Still believe in magic?"
Well yes, I do
Oh yes, I do
Oh yes, I do
Oh yes, I do
Of course I do

78 Zur Beziehung Wahrheit-Gewissen: siehe II. Vatikanisches Konzil, Deklaration zur Religionsfreiheit, *Dignitatis Humanae*. Siehe aber auch, *Kompendium des Katechismus der Katholischen Kirche* Nr. 373: „Die Würde der menschlichen Person verlangt, dass das Gewissen richtig urteilt (das heißt, dass es mit dem übereinstimmt, was gemäß der Vernunft und dem göttlichen Gesetz gerecht und gut ist). Aufgrund ebendieser persönlichen Würde darf der Mensch nicht gezwungen werden, gegen

sein Gewissen zu handeln, und man darf ihn - innerhalb der Grenzen des Gemeinwohls - auch nicht daran hindern, in Übereinstimmung mit seinem Gewissen zu handeln, vor allem im Bereich der Religion." Der *Katechismus der katholischen Kirche* behandelt dasselbe Thema in den Nummern: 1780-1782,1798.

79 Papst Franziskus in seiner Predigt des Tages vom 8.5.2013 vor den Gläubigen in der Kapelle des vatikanischen Gästehauses Domus Sanctae Marthae.

80 Papst Franziskus sagt in *Evangelii Gaudium* (227-228), dass die Fähigkeit, Konflikten zu begegnen, mit der Fähigkeit zusammenhängt, die tiefe Würde des anderen trotz seiner anderen Meinung wahrzunehmen: „Wenn ein Konflikt entsteht, schauen einige nur zu und gehen ihre Wege, als ob nichts passiert wäre. Andere gehen in einer Weise darauf ein, dass sie zu seinen Gefangenen werden, ihren Horizont einbüßen und auf die Institutionen ihre eigene Konfusion und Unzufriedenheit projizieren. Damit wird die Einheit unmöglich. Es gibt jedoch eine dritte Möglichkeit, und dies ist der beste Weg, dem Konflikt zu begegnen. Es ist die Bereitschaft, den Konflikt zu erleiden, ihn zu lösen und ihn zum Ausgangspunkt eines neuen Prozesses zu machen. Selig, die Frieden stiften (Mt 5, 9). Auf diese Weise wird es möglich sein, dass sich aus dem Streit eine Gemeinschaft entwickelt. Das kann aber nur durch die großen Persönlichkeiten geschehen, die sich aufschwingen, über die Ebene des Konflikts hinauszugehen und den anderen in seiner tiefgründigsten Würde zu sehen."

81 Christopher West, *Fill these Hearts – God, Sex and the Universal Longing,* Kindle-Ausgabe, Pos. 271.

82 Zitiert in Christopher West, *Fill These Hearts,* S. 42 [eigene Übersetzung]. Er sagt selbst, dass er dem Zitat an sehr vielen Stellen begegnet ist, aber die Quelle nicht eruieren konnte.

Ebenfalls bei Catholic Media erschienen:

WOHIN?

Finde deine Berufung!

Pater George Elsbett LC

Pater George Elsbett: „Oft erlebe ich heute junge Menschen, die mit ihren Fragen zu mir kommen: „Wie kann ich wissen, was Gott von mir will?" „Was soll ich tun?" „Wie soll ich wissen, ob ich heiraten oder mein Leben Gott schenken soll?" Ich widme dieses Buch dem jungen Menschen, der daran glaubt, dass Gott einen Plan für sein Leben hat. Das heißt nicht, dass jemand anderes dieses Buch nicht lesen sollte. Die im Buch angeführten Kriterien können genauso gut auf dem Weg zur Ehe wie auch bei anderen großen Entscheidungen ein Leitfaden sein. Die Berufung zum geistlichen Leben aber schenkt die besondere Perspektive."

Softcover | ISBN 978-3-939977-19-3
224 Seiten | **EUR 9,90**

Seelenwege

Orientierungshilfen zum Gebet

Patricia Klein und Pater Thiemo Klein LC

Dieses Buch richtet sich an Betende, die solide Grundlagen und Orientierung für geistlichen Fortschritt suchen. Mit einfacher Sprache werden dem Leser klassische Einsichten der spirituellen Theologie über den Menschen und das Gebet nahegebracht. Der ignatianischen Meditation wird besondere Aufmerksamkeit geschenkt. Die Spannbreite der Quellen reicht von den Wüstenvätern bis zu Benedikt XVI. Hinweise auf biblische Grundlagen und auf Unterschiede zwischen christlichem Gebet und Esoterik runden das Bild ab.

Zu den Autoren: Patricia Klein ist gottgeweihtes Mitglied der Apostolatsbewegung Regnum Christi und ihr Bruder, Pater Thiemo Klein, ist Ordenspriester in der Kongregation der Legionäre Christi.

Fester Einband | ISBN 978-3-939977-22-3
144 Seiten | **EUR 12,99**

Einmal Gott und zurück

Kleiner katholischer Glaubenskurs

Pater Klaus Einsle LC

Glaube, einfach und direkt.
Die Sehnsucht der Menschen nach Gott ist groß. Zuweilen ist sie unter dem Staub und Geröll des Alltags verschüttet. Dieser kleine katholische Glaubenskurs stellt den Glauben in seiner anziehenden Schönheit und umformenden Kraft vor. Ihm liegt es fern, Zweifel oder kritische Aussagen in den Vordergrund zu rücken. Ohne in entstellende Vereinfachungen zu verfallen, öffnet es einen Zugang zum katholischen Glauben in einfacher und für Jeden verständlicher Sprache.

Softcover | ISBN 978-3-939977-16-2
160 Seiten | **EUR 10,99**

Vorhang auf für den Himmel

Ein neugieriger Blick ins Paradies

Pater Klaus Einsle LC

„Woher wollen wir das eigentlich alles wissen?“ Beim Thema Himmel schwingt immer diese Frage mit. Ein typischer Zweifel lautet: „Es ist ja noch nie jemand von dort zurückgekommen.“ Vieles in unserer Welt hat das Bild vom Himmel verdunkelt. Aber irgendwie lebt doch in allen eine Ahnung des ewigen Lebens. Pater Klaus Einsle wischt mit diesem Buch das Dunkel und den Nebel weg und lässt den Himmel in neuem Glanz erstrahlen. Er weckt die Lust auf das ewige Leben.

Die wahre Heimat des Menschen ist im Himmel – und dieser Himmel ist wunderbar!

Fester Einband | ISBN 978-3-939977-17-9
280 Seiten | **EUR 14,99**